“党史六对”启示录

本书编写组

人民出版社

出版说明

《“党史六对”启示录》是中共中央党史和文献研究院组织编写的党史学习教育读物。

2022年7月，中共中央党史和文献研究院推出一组从历史中汲取智慧、以历史智慧启迪现实的文稿——《“党史六对”启示录》系列智库要报，得到中央有关部门领导同志的批示与肯定。

为进一步发挥这组文稿资政育人作用，扩大其影响，中共中央党史和文献研究院院长曲青山同志指示第七研究部、第二研究部、科研规划部把这6篇文稿转化为声画并茂的系列微纪录片，把党史研究成果转化为面向大众特别是年轻人喜闻乐见的文化产品。

2023年11月，6集微纪录片《“党史六对”

启示录》（每集 10 分钟）上线，很快在学习强国、共产党员网及中央媒体、各大视频网站广泛传播，受到广大网友特别是青年朋友的喜爱，播放量超过 1.2 亿人次，为党史学习教育常态化、长效化和干部培训提供了难得的视频教材，并荣获“2023 年度优秀网络视听作品优秀网络纪录片”“2023 中国正能量网络精品”等重要奖项。

本书对文稿内容进行了深化扩充，并附上纪录片二维码，成为可读可视的图书，供广大读者阅读学习。

目 录

1 引言

1 荷树对

从战略上认识、分析、判断面临的重大历史课题

33 洞前对

把实现好、维护好、发展好最广大人民根本利益作为出发点和落脚点

59 枣园对

实事求是，是我们党的基本思想方法、工作方法、领导方法

89 甲申对

增强忧患意识，做到居安思危

115 窑洞对

“跳出历史周期率”的第一个答案

143 赶考对

时代是出卷人，我们是答卷人，人民是阅卷人

173 附录

微纪录片《“党史六对”启示录》视频链接

176 后记

引言

打开尘封的岁月，走进时光的隧道，徜徉奔腾不息的百余年党史中，有6次著名的“重要对谈”佳话（可称为“党史六对”），均发生在新民主主义革命时期，按时间先后分别为“荷树对”“洞前对”“枣园对”“甲申对”“窑洞对”“赶考对”。

这6次“重要对谈”，激荡云天、承古启今，发人深思、耐人寻味。从黄洋界上的“荷树对”到黄土地上的“窑洞对”，从苏家坡的“洞前对”到西柏坡的“赶考对”，从告诫“不当李自成”的“甲申对”到笃定“实事求是”的“枣园对”。“党史六对”体现了以毛泽东同志为主要代表的中国共产党人，坚持胸怀天下，坚持面向群众，坚持实事求是，力避骄傲自满，勇于自我革命，永葆赶考心态，不断开创革命新局的历史进程和宝贵经验。

“党史六对”中蕴含的深刻思想，对当前党团结带领中国人民踏上实现第二个百年奋斗目标新的赶考之路，继续考出好成绩，在新时代新征程上展现新气象新作为，具有重要启示。

中国共产党从历史深处走来，也必将承载着中国人民的重托和民族复兴的重任，继续昂扬奋进、砥砺前行，谱写最华美最隆重的新时代新篇章！

『党史六对』之一

荷树对

从战略上认识、分析、判断
面临的重大历史课题

1928 年冬——

毛泽东：

站在这里可以看到哪里呀？

战士：

站在这里可以看到江西，
还可以看到湖南。

毛泽东：

对，我们革命者就是要站得高、看得远，
站在井冈山，不仅要看到江西和湖南，
还要看到全中国、全世界。

井冈逶迤五百里，红旗一展乾坤赤。

仲夏时节的井冈山，层峦叠翠，竹海绵延。黄洋界，井冈山五大哨口之首，站在这里远眺，视野开阔，崇山峻岭一览无余。黄洋界上荷树苍劲挺拔，枝繁叶茂，一派生机盎然。

90 多年前，毛泽东引兵抵达井冈山，创建第一个农村革命根据地，书写了一段艰苦卓绝、荡气回肠的红色岁月。荷树掩映，山石嶙峋，当年的挑粮小道蜿蜒穿梭，铭记着红军将士的身影。万山红遍的杜鹃花开了又谢，谢了又开。黄洋界的隆隆炮声早已逝去，井冈山的浓浓硝烟久已散尽……

但荷树下的一次对谈却永远镌刻进时光的年轮。

一、九十多年前的那次“荷树对”

1927 年 4 月 12 日，蒋介石突然在上海发动反革命政变，大肆抓捕、屠杀革命者。随后，江苏、浙江、安徽、福建、广东、广西等省也以“清党”为名，大规模搜杀共产党员和革命群众。北方的奉系军阀张作霖也捕杀大批共产党员和革命群众。4 月 28 日，中国共产党主要创始人之一李大钊在北京英勇就义。7 月 15 日，汪精卫召开国民党中央常务委员会扩大会议，以“分共”的名义，正式同共产党决裂，公开背叛孙中山制定的国共合作政策和反帝反封建纲领。随后，汪精卫集团对共产党员和革命群众实行大逮捕、大屠杀。至此，国共合作全面破裂，由国共两党合作发动的大革命宣告失败。

中国共产党此刻遭受了极其严重的困难，大批革命者遭到野蛮屠杀，据党的六大时的不完全统计，从 1927 年 3 月到 1928 年上半年，被杀害的共产党员和革命群众达 31 万多人，其中共产党员 2.6 万多人。全国的党员数量急剧减少，工会和农民协会到处被查禁、解散，工农运动走向低沉。严酷的事实表明：中国革命已经进入低潮，反革命的力量大大超过党所领导的革命力量，中国共产党面临着被敌人瓦解和消灭的严重危险。在生死考验面前，在革命前途似乎变得十分暗淡的时刻，要始终如一地对革命的信念毫不动摇，迎着狂风恶浪坚持战斗，并不是容易的事情。①

年轻的中国共产党表现出了可贵的大无畏品格。正如毛泽东后来所说："中国共产党和中国人民并没有被吓倒，被征服，被杀绝。他们从地下爬起来，揩干净身上的血迹，掩埋好同伴的尸首，他们又继

① 中共中央党史和文献研究院著：《中国共产党的一百年》（新民主主义革命时期），中共党史出版社 2022 年版，第 82—83、96—97 页。

续战斗了。”[1]1927 年 8 月，八七会议，34 岁的毛泽东当选为中共中央临时政治局候补委员。主持中央工作的瞿秋白，原本希望他到上海中央机关工作，毛泽东表示，不愿去大城市住高楼大厦，愿到农村去，上山结交绿林朋友。同年 9 月，他率领湘赣边界秋收起义队伍果断放弃攻打大城市长沙，经过 1 个多月艰苦转战，行程千余里，终于将红旗插上了井冈山。这使低潮中处境艰难的广大革命者心中燃起了新的希望，革命的火焰再次熊熊燃烧起来。

井冈山，地处湘赣边界罗霄山脉中段，介于湖南酃县（今炎陵县）和江西宁冈、遂川、永新四县之交，总面积约 4000 平方公里。大革命时期，这几个县都建立了党的组织和农民自卫军，群众基础比较好；山上的茨坪、大小五井等地都有水田和村庄，周围各县农业经济可供部队筹措给养；这里离中心城市较远，交通不便，国民党统治力量薄弱；崇山峻岭，地势险要，森林茂密，只有

①《毛泽东选集》第 3 卷，人民出版社 1991 年版，第 1036 页。

几条狭窄的小路通往山内，进可攻，退可守。在敌我力量悬殊的条件下，这里确实是一块理想的落脚地。

然而当年，井冈山上除作战部队外，另有800多名伤病员，还有党、政、军等后勤机关的工作人员，每天需要大量的粮食。但山上人口不满两千，产谷不满万担，军粮全靠宁冈、永新、遂川3县输送。

1928年4月，朱德、陈毅率领南昌起义余部和湘南起义农军在井冈山与毛泽东领导的部队胜利会师。随着井冈山革命根据地的不断壮大，国民党反动派加紧了对井冈山革命根据地的军事“进剿”和经济封锁，企图把红军饿死、冻死在井冈山上。

“红米饭，南瓜汤，秋茄子，味道香，餐餐吃得精打光。干稻草，软又黄，金丝被儿盖身上，不怕北风和大雪，暖暖和和入梦乡。”这首流传在井冈山上的歌谣真实反映了红军当时异常艰苦的状况。然而井冈山的生活却是充实愉悦的。“红军中官兵伕衣着薪饷一样；白军里将校尉饮食起居不同。”这是朱德写的对联。老红军杨至诚后来回忆说：“我们在井冈山的岁月中，从毛党代表、朱军长起，官兵的生活都是一样的，每天吃的是南瓜和红米，有时红米都吃不上，只吃到南瓜……但是同志们对于井冈山的艰苦斗争是有信心的，我们的心情都是很愉快的。”①

为了粉碎敌人的军事进攻和经济封锁，必须储备足够的粮食。随之，红军掀起了轰轰烈烈的挑粮运动。从井冈山上到山下的宁冈茅坪，往返要100多里，黄洋界是必经之路。1928年冬，毛泽东穿着破旧的草鞋、朱德挑着写有自己名字的扁担，和红军战士们一起走在这条泥泞、崎岖的山间小道上。红军日复一日、肩挑背驮把大量粮食运上井冈山。于是，这条挑

① 井冈山革命博物馆等编：《井冈山革命根据地》（下），中共党史资料出版社1987年版，第542—543页。

粮小道上不仅留下了“朱德扁担”的故事，还留下了毛泽东和红军战士“荷树对”的佳话。

黄洋界哨口有一棵荷树。每次挑粮上山时，大家也常常在这棵树下歇脚。有一天，在这里歇脚时，毛泽东问身边的战士：你们说，站在这里可以看到哪里呀？战士们有的说：站在这里可以看到江西。有的说：还可以看到湖南。毛泽东接着大家的话说：对，我们革命者就是要站得高、看得远，站在井冈山，不仅要看到江西和湖南，还要看到全中国、全世界。①

如今在黄洋界当年的挑粮小道依然蜿蜒穿梭清晰可见。路边这棵枝繁叶茂的荷树，向人们诉说着毛泽东与红军战士挑粮休息时在树下的欢声笑语。荷树下一次看似平常的对话，反映了毛泽东对中国革命形势和前景的必胜信心和他无比远大的目光。

在井冈山极端艰苦的斗争环境

① 中国井冈山干部学院教材编审委员会编：《井冈风范》，中央文献出版社2011年版，第10页。

下，毛泽东没有被一时一隅的困难局限，也没有为我方力量暂时弱小气馁，而是以无产阶级革命家宏阔的眼界格局和思想方法，指明了中国革命光明的前途。他说：现在我们人少了，但是很精干，大有希望。还说：我们当前力量还小，还不能去攻打敌人重兵把守的大城市，应当先到敌人统治薄弱的农村，去保存力量，发动农民革命。我们现在好比一块小石头，蒋介石反动派好比一口大水缸，但总有一天，我们这块小石头，一定要打烂蒋介石那口大水缸！[1] 这些话大大鼓舞了广大红军指战员的精神和士气。

1928 年秋，毛泽东在《西江月・井冈山》中写道：

山下旌旗在望，山头鼓角相闻。
敌军围困万千重，我自岿然不动。
早已森严壁垒，更加众志成城。
黄洋界上炮声隆，报道敌军宵遁。[2]

① 中共中央文献研究室编：《毛泽东传》（一），中央文献出版社 2013 年版，第 158、153—154 页。

②《毛泽东诗词选》，人民文学出版社 1986年版，第13页。

这首词是咏颂黄洋界保卫战胜利的。后来毛泽东对这次战斗曾有如下的评述：“八月三十日井冈山一战，湘敌始退往酃县，赣敌仍盘踞各县城及大部乡村。然而山区是敌人始终无法夺取的……”关于井冈山斗争的意义，他指出：“边界的红旗子，业已打了一年，虽然一方面引起了湘鄂赣三省乃至全国豪绅阶级的痛恨，另一方面却渐渐引起了附近省份工农士兵群众的希望。……边界红旗子始终不倒，不但表示了共产党的力量，而且表示了统治阶级的破产，在全国政治上有重大的意义。”① 即使处在困难的境地下，毛泽东依然坚信胜利必将到来。对西江月这首词，他没有使用“黄洋界”，而是使用“井冈山”作为词题，正是看到了井冈山道路是正确的革命道路，今天弱小的红军将来必然成长为参天的大树。

二、山沟沟里的胸有全局、胸怀天下

土地革命战争时期，“一国之内，在四围白色政权的包围中，有

①《毛泽东选集》第1卷，人民出版社1991年版，第62、81页。

一小块或若干小块红色政权的区域长期地存在，这是世界各国从来没有的事。这种奇事的发生，有其独特的原因”，而“有些同志在困难和危急的时候，往往怀疑这样的红色政权的存在，而发生悲观的情绪”。① 毛泽东在1928年10月《中国的红色政权为什么能够存在？》一文中，精辟指出“这是没有找出这种红色政权所以发生和存在的正确的解释的缘故”。他站在世界革命与中国革命相结合的全局和理论高度上分析指出：这一奇怪现象的发生，“不能在任何帝国主义的国家，也不能在任何帝国主义直接统治的殖民地，必然是在帝国主义间接统治的经济落后的半殖民地的中国”，“这种现象产生的原因有两种，即地方的农业经济（不是统一的资本主义经济）和帝国主义划分势力范围的分裂剥削政策。因为有了白色政权间的长期的分裂和战争，便给了一种条件，使一小块或若干小块的共产党领导的红色区域，能够在四围白色政权包围的中间发生和坚持下来。湘赣边界的割据，就是这许多小块中间

①《毛泽东选集》第1卷，人民出版社1991年版，第48—49页。

的一小块。”①

1930 年 1 月，毛泽东在撰写的《星星之火，可以燎原》中进一步分析指出：这种悲观情绪，其“理论的来源，主要是没有把中国是一个许多帝国主义国家互相争夺的半殖民地这件事认清楚”。而一旦认清了这件事，“就会明白相应于全世界只有中国有统治阶级内部长期混战的一件怪事而产生出来的另一件怪事，即红军和游击队的存在和发展，以及伴随着红军和游击队而来的，成长于四围白色政权中的小块红色区域的存在和发展（中国以外无此怪事）”，就会深刻理解中国革命要走以乡村为中心，以发展农村根据地促进全国革命高潮道路的必然性。②毛泽东坚信只要走上正确的革命道路，掌握了“半殖民地中国在无产阶级领导之下的农民斗争的最高形式”——“红军、游击队和红色区域的建立和发展”，中国革命必将迎来高潮。③他说：“我所说的中国

①《毛泽东选集》第 1 卷，人民出版社 1991 年版，第 49 页。

②《毛泽东选集》第 1 卷，人民出版社 1991 年版，第 98 页。

③《毛泽东选集》第 1 卷，人民出版社 1991 年版，第 98 页。

革命高潮快要到来，决不是如有些人所谓‘有到来之可能’那样完全没有行动意义的、可望而不可即的一种空的东西。它是站在海岸遥望海中已经看得见桅杆尖头了的一只航船，它是立于高山之巅远看东方已见光芒四射喷薄欲出的一轮朝日，它是躁动于母腹中的快要成熟了的一个婴儿。”[①] 曾有人说，山沟沟里出不了马克思主义。而身处山沟沟的毛泽东，就用他胸有全局、胸怀天下的远见预见和脚踏实地的革命奋斗粉碎了这一武断结论。

“不畏浮云遮望眼，自缘身在最高层。”面临大革命失败和国民党反动派的残酷镇压、屠杀，以毛泽东同志为主要代表的中国共产党人之所以没有被吓倒，被征服，而是继续高举革命大旗，开展武装抵抗，力挽狂澜，成功开辟出“农村包围城市，武装夺取政权”的正确革命道路，一个很重要的原因，就是他们始终胸怀全局、着眼长远，始终立志于为中国人民得解放而不懈奋斗。因为相

①《毛泽东选集》第1卷，人民出版社1991年版，第106页。

信，所以能够看见；因为信念，所以能够看到别人看不到的远方；因为信仰，所以能够坚持走向远方。

井冈山是中国革命的摇篮，井冈山的斗争，是中国革命走向胜利的起点。革命根据地选择在井冈山，从此揭开了农村革命根据地的序幕，新的革命号角吹响了。这就是以农村为依托，开展建设根据地、武装斗争和土地革命三者相结合，城乡中工农队伍的公开和秘密工作同时并举，由城市转到农村，由交通要道转到偏僻山区，由大革命时正规的大军变为革命的分散的游击武装，实行武装割据，准备长期用乡村来包围城市，最后夺取城市，争取全国的胜利。

亲历过井冈山斗争的何长工后来回忆说："以农村为革命根据地，由农村包围城市，是毛主席创造性地发展了马列主义。16世纪的德国革命、17世纪的英国革命、18世纪的法国革命、苏联的十月革命，都是先打城市。十月革命是先有列宁格勒起义，成立了政府后，再来建设军队。我们是相辅相成，又建军又建党，又搞统一战线；军队又打天下，又建党，又搞群众工作，又建政权。井冈山是中国革命各种政策摸索、尝试时期的综合试验田，是一个成功的典型示范的试验田。”①

三、大棋局：毛泽东从全局和战略上把握问题

毛泽东始终强调要有宽广的世界眼光，高度重视从全局和战略上把握问题。1910 年秋天，未满 17 岁的毛泽东即将离开闭塞的韶山时，他改写了一首诗，夹在父亲每天必看的账簿里："孩儿立志出乡关，学不成名誓不还。埋骨何须桑梓地，人生无处不青山。"便已早早将宽广的胸怀和志向展现出来。1920 年，由青年毛泽东发起组织的新民学会确立了"改造中国与世界"的办会宗旨。毛泽东并以此作为毕生奋斗的目标。在领导中国革命和建设事业的过程中，

① 黄仲芳编：《井冈山斗争口述史》，江苏人民出版社 2014 年版，第 48 页。

他始终胸有全局、胸怀天下，思考和把握问题时，总是注意把历史、现实和未来，国际和国内联系在一起。毛泽东强调指出："懂得了全局性的东西，就更会使用局部性的东西，因为局部性的东西是隶属于全局性的东西的。"① 他反对"丢掉主要矛盾"，"研究细微末节"，只"见树木而不见森林"的片面方法。② 他具体联系战争指挥等问题指出：指挥员必须注意战略问题，歼灭大批敌人，"这是我们伟大的胜利。可是只注意这点不行，更要注意到战略问题"。战略问题是能否在战争中掌握主动，包括吃饭问题，战争在哪里打，把战争引向什么方向的问题。③

毛泽东曾用下围棋来形容把握战略全局的重要性。他说，"没有全局在胸，是不会真的投下一着好棋子的"。④ 还说，在下棋时既要会"吃子"，还要注意"做眼"，"吃子"代表眼前和局部，"做眼"则指向长远和全局，做任何工作都要

①《毛泽东选集》第1卷，人民出版社1991年版，第175页。

②《毛泽东文集》第2卷，人民出版社1993年版，第382页。

③《陈毅军事文选》，解放军出版社1996年版，第467页。

④《毛泽东选集》第1卷，人民出版社1991年版，第221页。

把两者有机统一起来。①在中国革命与建设事业发展这盘大棋局上，毛泽东始终胸有全局，目光如炬，所投一着一子都举足轻重。

抗日战争时期，美军驻延安的观察组成员谢伟思曾经提出一个有趣的问题："为什么毛主席能够成功地战胜他的众多对手而成为公认的领袖?"通过接触和深入的了解，谢伟思给出了自己的答案："他目光远大。"②

而毛泽东在抗日战争时期撰写的《论持久战》，就是共产党人运用战略和全局思维的典范。1937 年，卢沟桥事变爆发后，日军铁蹄在华北、华东肆意践踏，国民政府首都南京沦陷，大片国土落入日寇魔掌，无数家庭流离失所、饥寒交迫，无数同胞饱受欺凌、惨遭屠杀……

面对日本侵略者的大举入侵，尤其是日军在华北、华东长驱直

① 参见《毛泽东选集》第 2 卷，人民出版社 1991 年版，第 427 页。
② 中共陕西省委党史研究室编:《中外记者团和美军观察组在延安》，陕西人民出版社 1995 年版，第 356 页。

入、攻城略地的不利形势，许多人产生了悲观失望、丧失信心的情绪，“亡国论”一度甚嚣尘上。然而，短短几个月后形势又发生了变化，随着平型关战斗、台儿庄战役歼灭日军主力等捷报传来，又有一些人一时被暂时的胜利冲昏了头脑，对抗战的长期性、艰苦性缺乏心理准备。“亡国”还是“速胜”？成为全民族抗战初期人们心中挥之不去的疑问。能不能回答好这个问题，关系着民族抗战的前途。

为此，1938 年 5 月底 6 月初，毛泽东作《论持久战》的长篇讲演。他运用历史唯物主义和辩证唯物主义的科学方法，从全局和战略高度分析了中日战争所处的时代和中日双方的基本特点，阐述了中国抗日战争的持久战总方针，批驳了亡国论和速胜论。他指出：“中日战争不是任何别的战争，乃是半殖民地半封建的中国和帝国主义的日本之间在二十世纪三十年代进行的一个决死的战争。”战争的双方存在互相矛盾的许多特点，基本的特点是“日本的军力、经济力和政治组织力是强的，但其战争是退步的、野蛮的，人力、物力又不充足，国际形势又处于不利。中国反是，军力、经济力和政治组织力是比较地弱的，然而正处于进步的时代，其战争是进步的和正义的，又有大国这个条件足以支持持久战，世界的多数国家是会要援助中国的”。“这些特点，规定了和规定着双方一切政治上的政策和军事上的战略战术，规定了和规定着战争的持久性和最后胜利属于中国而不属于日本。”亡国论者只看到敌强我弱这一个特点，速胜论者则根本忘记敌强我弱这一特点。他根据敌我双方互相矛盾着的各种因素以及这些因素在战争过程中的发展变化，预见了中国持久抗战将经历的 3 个阶段：“第一个阶段，是敌之战略进攻、我之战略防御的时期。第二个阶段，是敌之战略保守、我之准备反攻的时期。第三个阶段，是我之战略反攻、敌之战略退却的时期。”他着重分析了争取战略相持阶段到来的条件和相持阶段中敌我斗争的形势，指出了克敌制胜的战略方针。他最后指出：“抗日战争是持久战，最后胜利是中国的——这就是我们的结论。”①

不从全局着眼，就难以制定出正确的战略和策略。《论持久战》一经发表就产生了巨大的影响，它不仅极大鼓舞了中国人民战胜日本帝国主义的信心和决心，更是全面规划了中国人民夺取抗日战争胜利的总体战略方针。它的正确性已经被历史所证明。战后，许多日本学者都深入研究过《论持久战》，有一种观点就认为“强大”的日本之所以被“贫弱”的中国打败，就在于《论持久战》提供了高明的战略。东京大学教授近藤邦康在一次访谈中说：“我很佩服《论持久战》。日本被中国打败是当然的，这样非常好的战略著作在日本是没有的。日本物资方面和科学技术方面都优于中国，武器优越于中国，但没有这样的以哲学为基础的宏远战略眼光，日本没有。日本的军队是速决战，中国的战略是持久战，结果，日本被中国的持久战打败了。”②

① 中共中央党史和文献研究院编：《毛泽东年谱》第2卷，中央文献出版社2023年版，第73—75页。

② 杨伟光主编：《大型电视纪录片〈毛泽东〉》，人民出版社1995年版，第120页。

诗人卞之琳1939年在《给〈论持久战〉的著者》一诗中写道：“手在你用处真是无限，如何摆星罗棋布的战局？如何犬牙交错了拉锯？包围反包围如何打眼？下围棋的能手笔下生花，不，植根在每一个人心中。三阶段，后退，相持，反攻——你是顺从了，主宰了辩证法。”①不错，毛泽东正是那位纵观全局的伟大弈者，只是他的棋盘存于世间、落子系于人民，他在星罗棋布、复杂无比的局势中抓住了主要的矛盾和线索，为全民族的抗战指明了胜利方向。

1949年新中国的成立及随后抗美援朝战争的伟大胜利，对世界和平和人类进步产生了深远和重大的影响。毛泽东密切关注国际形势的演变，提出了“中间地带”的理论，为新中国制定保卫世界和平的对外政策奠定了基础。上世纪70年代，他又进一步提出了“三个世界”划分的战略思想，认为中国属于第三世界，把发展同第三世界的团结协作关系作为中国对外关系

① 袁行霈主编：《诗壮国魂：中国抗日战争诗抄·新诗》，中国青年出版社2015年版，第185—186页。

的基本立足点。这些都是毛泽东和中国共产党人从全人类的前途命运着想为世界作出的贡献。

四、“荷树对”的深刻启示

在毛泽东长期的革命生涯中，胸有全局、胸怀天下始终是他极具特色的领导方法和工作方法之一。

“坚持胸怀天下”，是党的十九届六中全会通过的党的第三个历史决议所总结的党百年奋斗积累的 10 条宝贵经验之一。党的二十大报告提出要把握好习近平新时代中国特色社会主义思想的世界观和方法论，坚持好、运用好贯穿其中的立场观点方法，其中之一也是“必须坚持胸怀天下”。这是党的宝贵经验，也是“荷树对”留给后人最为重要的现实启示。

100 多年来，中国共产党总是能够在重大历史关头从战略上认识、分析、判断面临的重大历史课题，制定正确的政治战略策略，这是党战胜无数风险挑战、不断从胜利走向胜利的有力保证。

100 多年来，中国共产党坚持为中国人民谋幸福、为中华民族谋复兴，同时坚持为人类谋进步、为世界谋大同，尽显一个百年大党的胸襟和责任担当。

坚持胸怀天下，就要具备宽广的世界眼光。党的十八大以来，习近平总书记深刻把握人类社会历史经验和发展规律，创造性提出构建人类命运共同体理念，为破解人类共同难题、推动世界和平发展提出中国方案。中国共产党人要始终以世界眼光关注人类前途命运，从人类发展大潮流、世界变化大格局、中国发展大历史正确认识和处理同外部世界的关系，坚持开放、不搞封闭，坚持互利共赢、不搞零和博弈，坚持主持公道、伸张正义，站在历史正确的一边，站在人类进步的一边，推动历史车轮向着光明的前途前进。

坚持胸怀天下，就要具备坚实的理论基础。习近平总书记深刻指出：理论修养是干部综合素质的核心，理论上的成熟是政治上成熟的基础，政治上的坚定源于理论上的清醒。从一定意义上说，共产党人掌握马克思主义理论的深度，决定着政治敏感的程度、思维视野的广度、思想境界的高度。中国共产党人要在工作中站得高、望得远，就必须努力学习理论，掌握马克思主义这一看家本领，提高运用马克思主义原理观察、解决问题的能力、水平，同时做到善于总结经验，把经验中的感性认识提升到理论高度，透过现象抓住本质，准确把握事物发展的规律。

坚持胸怀天下，就要具备深刻的战略思维。中国共产党是领导我们事业的核心力量。党政军民学、东西南北中，党是领导一切的。为着更好地领导，必须作出战略预见。习近平总书记指出：战略问题是一个政党、一个国家的根本性问题。战略上判断得准确、战略上谋划得科学、战略上赢得主动，党和人民事业就大有希望。中国共产党人要有“放眼世界，放眼未来，也放眼当前，放眼一切方面”的战略思维，善于从战略上看问题、想问题，掌握抓住关键、纲举目张的思想方法和工作方法，站在时代前沿观察思考问题，把党和人民事业放到历史长河和全球视野中来谋划。

坚持胸怀天下，就要具备科学的务实精神。习近平总书记强调：干事业做工作大方向要正确，重点要明确，战略要得当，同时要把控好细节，把政治经济、宏观微观、战略战术有机结合起来，做到谋划时统揽大局、操作中细致精当，防止因为“细节中的魔鬼”损害大局。共产党人想问题、作决策，一定要对“国之大者”心中有数，多打大算盘、算大账，同时要处一隅而察大局、守一方而观大势，致广大而尽精微，努力在工作中做到以小见大、见微知著，在解决突出问题中实现战略突破，在把握战略全局中推进各项工作，既脚踏实地做好局部具体工作，又着眼全局、谋划长远，把局部具体工作融入党和国家事业大局，做到既为一域争光、更为全局添彩。

大道之行，天下为公。胸有全局、胸怀天下，高瞻远瞩、把握未来，始终是中国共产党人秉持的战略思维。坚持走中国特色社会主义道路的中国共产党，始终以世界眼光关注人类前途命运，从人类发展大潮流、世界变化大格局的高度认识和处理同外部世界的关系，坚持互利共赢、不搞零和博弈，中国特色大国外交全面推进，构建人类命运共同体成为引领时代潮流和人类前进方向的鲜明旗帜。

五、结语

1951 年 7 月一个周末的下午，毛泽东在中南海家中和老友周世钊、蒋竹如欢聚畅谈。谈话中，话题自然而然地转到青年时代的读书生活。毛泽东说，1912 年在湖南省立图书馆自学的半年，是他读书历史上值得纪念的半年。他说，我当时对世界究竟有多大，是不太明确的。当第一次看到了世界大地图，我感到世界真正大呀，世界既大，人就很多，每一个活人都要生活，既要过物质生活，还要过文化生活。在这里，毛泽东不仅感到了世界的大，而且还深入思考了社会的不平等。他说，据我看，一般人的生活应该是过得幸福的，但我在韶山、湘潭和长沙见到的，广大人民的生活是痛苦的，缺衣少食，挨冻受饿，目不识丁，做一世的文盲，还常常被地主、豪绅和贪官污吏勒索压迫，被卖被杀。为什么广大人民的生活过得这样痛苦呢？用今天的话来说，只是由于有人压迫人、人剥削人的社会制度的缘故。在这种不合理的社会制度下，广大人民的痛苦生活不会变成幸福的生活。因此，我总觉得我们青年的责任极其重大，青年的前途极其广阔，因为要改变社会就要革命，革命就要靠革命青年。讲到这里，毛泽东继续说，我当时就下定决心：我将以一生的力量为痛苦的人民服务。这就是19岁的毛泽东所立下的毕生志愿。①

① 中共中央党史和文献研究院编：《毛泽东年谱》第4卷，中央文献出版社2023年版，第382—383页。

世界之大、韶山之小的强烈对比曾给青年毛泽东留下极其深刻的印象。然而，毛泽东对胸怀天下的理解和把握从来都不是空洞、缥缈的，他是将其深深地落脚到为人民服务的事业之中。

新中国成立后，1965 年 5 月，年逾古稀的毛泽东重上井冈山时曾写下一首《念奴娇·井冈山》，词中写道：

参天万木，千百里，飞上南天奇岳。
故地重来何所见，多了楼台亭阁。
五井碑前，黄洋界上，车子飞如跃。
江山如画，古代曾云海绿。
弹指三十八年，人间变了，似天渊翻覆。
犹记当时烽火里，九死一生如昨。
独有豪情，天际悬明月，风雷磅礴。
一声鸡唱，万怪烟消云落。①

这一句“弹指三十八年，人间变了，似天渊翻覆”，留给人们无

①《毛泽东诗词选》，人民文学出版社 1986 年版，第 161—162 页。

尽的感慨与遐思。

一次对谈，辉映历史；一种眼光，穿越古今。站在黄洋界上极目远眺，万木葱茏、千峰竞秀。顺着毛泽东当年指点红军战士的方向望去，人们不仅看到了江西，看到了湖南，还看到了中国革命的过往，看到了满载星辰大海的远方。

『党史六对』之二

洞前对

把实现好、维护好、发展好最广大人民根本利益作为出发点和落脚点

1929 年秋——

毛泽东：

领导者的任务究竟是什么？

邓子恢：

……

毛泽东：

据我看来

领导者并没有什么了不起的本事，

他的任务就在于替群众

当传达员。

“暖暖远人村，依依墟里烟。”

这里是闽西上杭县苏家坡，一个古朴而年轻的畲族村寨。村子中央一座建于明末清初、名为“树槐堂”的客家建筑尤为引人注目。

蓝天白云下，群山环抱，绿水流翠；白墙红瓦，屋舍俨然；田畴交错，村落毗连。千百年来，苏家坡臂挽梅花山、面朝汀江水，演绎着春种秋收的故事，吟咏着冬雪夏荷的诗篇。

历史不乏传奇。90 多年前，苏家坡这个曾经名不见经传的村寨迎来一代伟人毛泽东。守望着一方山水的圳背岩洞是他经常出入的地方，洞口的山道上铭刻光辉足迹，洞内的石桌旁浮现伟岸身影。如今的圳背岩洞口绿影婆娑，藤蔓挂壁，“主席洞”3个大字熠熠生辉，站在洞前，历史的回响轰然而至，毛泽东与时任中共闽西特委书记邓子恢的一场意味深长的对谈回荡在耳畔。一切机缘巧合，还得从毛泽东与邓子恢的第一次见面说起。

一、初识共事

1929年3月14日，毛泽东、朱德率领红四军挺进闽西，攻占长汀城。这是毛泽东首次入闽，他在长汀辛耕别墅主持召开了红四军前委扩大会议，提出了红军的战略计划和行动方向，勾画了创建赣南、闽西革命根据地的蓝图。一直在闽西领导农民暴动的邓子恢听说此事后，感到非常兴奋。他深信，红四军的到来将极大改变闽西局面，便星夜赶往长汀会见毛泽东。但是，还没有等他赶到，红四军已经撤离长汀，向瑞金进发。邓子恢知道红军行踪不定，便回到上杭的闽西特委机关，赶写了一份关于闽西历年斗争情况与敌我力量分布的报告，派专人秘密前往赣南，寻找红四军前委，请求红军再次入闽。

红四军前委在赣南得到了邓子恢的这份详细报告，经研究决定避开赣军进攻锋芒，立即集结红四军各纵队，重返闽西战场。5 月 19 日，红四军由瑞金向闽西进发。当晚，毛泽东派前委委员宋裕和前往上杭寻找邓子恢，并带来了毛泽东给特委的信件，告知红四军正向闽西纵深区域进发，特委须作好策应准备，并告邓子恢务于 22 日赶到上杭蛟洋，商讨击退尾追入闽的赣军李文彬部之计。

为了响应红军入闽，邓子恢马上召集闽西特委紧急会议，确定了一个在永定、龙岩、上杭 3 县骚扰敌人的计划，要求这 3 个县委发动群众，在各地散发宣言、标语，破坏敌人交通，宣传红军胜利消息，以此威慑敌人；同时，各县游击队分别向上杭、永定县城进袭，并在原来的暴动区域再次举旗暴动，造成四面骚动的局面，迫使敌人疲于应付，帮助红军摆脱敌人追围。部署完毕，邓子恢星夜赶到芦丰向上杭县委布置了迎接红四军入闽的计划。

5月22日，邓子恢赶到蛟洋。这时，行动神速的红四军在渡过汀江之后，已经摆脱敌人的纠缠，经连城新泉、上杭古田，向龙岩推进，直达距龙岩城仅30里的小池。邓子恢闻讯，马上转向龙岩赶去。23日傍晚，邓子恢赶抵距龙岩城郊15里的龙门，经过几个红军战士的帮助，邓子恢在队伍里找到了闻名已久的红四军党代表毛泽东和军长朱德。毛泽东告诉邓子恢，龙岩城里守敌不过一两个营，不堪一击就逃往漳平去了。为调动正在粤东参加军阀混战的陈国辉部主力回援，以便各个击破，红军决定暂时放弃龙岩，进击永定。

邓子恢在随军行动的路上，向毛泽东汇报了闽西几年来的斗争情况。毛泽东向他指出，要重视武装建设，尽快建立起一支政治上坚定、组织上巩固、军事上有坚强战斗力的地方红军，这是保证革命胜利、建立革命根据地的基本条件。邓子恢也感到闽西武装力量薄弱，几次斗争都因经不起敌人的武装进攻而失败，他向毛泽东要求从红四军调一些有才干的军事干部和武器，加强闽西地方武装。毛泽东同意他的要求，不久就调了一批干部和武器支援闽西地方武装。红军大踏步挥戈南向，直指闽粤边境。在闽西党组织配合下，红四军于 5 月 23 日奔袭龙岩县城，将守军陈国辉部一个营全部歼灭。随后，红四军又主动撤出龙岩，在 25 日一举攻占永定县城，成立永定县革命委员会，由张鼎丞任主席。6 月 3 日，红四军再占龙岩，成立龙岩县革命委员会，由邓子恢任主席。在此期间，中共闽西特委布置龙岩、永定等地农民，在红四军帮助下开展武装斗争。各区乡贫苦农民在党的领导下，收缴反动武装，焚烧田契借约，分田分地，建立红色政权，到处是热火朝天的革命景象。

红四军党的第七次代表大会后，毛泽东被迫离开红四军的主要领导岗位，以红四军前委特派员的身份到闽西特委指导地方工作。7 月 8 日，毛泽东同蔡协民、谭震林、江华、曾志等人，由龙岩动身前往上杭蛟洋，代表前委出席并指导中共闽西第一次代表大会。毛泽东抵达蛟洋后，发现大会准备工作不够充分，代表们对本地区的政治、社会、经济等方面实际情况了解不足。提议将原定 7 月 11 日开幕的大会推迟一周召开，由代表们回原地区进行调查。在拥有领导井冈山和赣南等地苏维埃政权建设经验的毛泽东看来，闽西革命根据地建立后，特委对各地工作要有个纲领才好。如果对实际情况没有充分掌握，就无法为大会制定一份科学的纲领性文件，会议效果也会大打折扣。

红军所到之地，毛泽东要做的第一件事就是查阅当地的地方志，了解当地政治、经济、阶级状况和民情风俗。然后召开有当地党团员干部和活动分子、地方武装代表等参加的座谈会，并深入当地群众进行调查研究，以更好地帮助地方党委制定各项方针政策，切实解决群众困难，巩固和发展根据地。其间，毛泽东主持各种座谈会，为代表们拟定了调查提纲。毛泽东和代表们一起对闽西各地的政治、党务、土地、物价、洋货侵入、工农业破产等各种问题，进行了深入详细的调查，为大会制定切合实际的方针政策准备材料。

7 月 20 日至 29 日，毛泽东出席并指导在上杭蛟洋文昌阁召开的中共闽西第一次代表大会。他在会上作政治报告，赞扬闽西革命斗争成就，分析了革命形势，指明了闽西党组织今后的任务是巩固和发展革命根据地，同赣南红色区域连成一片，建立中心工作区域。他还指出巩固和发展闽西革命根据地的 3 个基本方针：(一）深入进行土地革命；(二）彻底消灭民团土匪，发展工农武装，有阵地波浪式地向外发展；(三）发展党，建立政权，肃清反革命。① 这为闽西革命

① 中共中央党史和文献研究院编:《毛泽东年谱》第 1 卷，中央文献出版社 2023 年版，第 279 页。

斗争和根据地的巩固发展指明了战略方向和方针政策。大会通过了由邓子恢起草、毛泽东修改的《闽西第一次代表大会政治决议案》，规定了闽西党在目前的总路线是“坚决的领导群众，为实现闽西工农政权的割据而奋斗”，提出了为实现总路线所要完成的主要任务。

在毛泽东帮助指导下，大会制定并通过了《土地问题决议案》，在总结闽西土地斗争经验基础上规定的土地政策，同井冈山《土地法》和兴国《土地法》相比较有新的发展，主要表现在：（一）区别对待地主和富农，只没收富农多余的土地，不过分“打击富农”，“集中攻击目标于地主”；（二）分配土地实行“抽多补少”的原则；（三）对在乡地主家属“酌量分与田地”，给以生活出路。① 这份文件很快成为指导闽西各地开展土地革命的纲领性文件。会后，在很短的时间内，闽西长汀、连城、上

① 中央档案馆、福建省档案馆编：《福建革命历史文件汇集（闽西特委文件）（1928年—1936年）》，1986年印行，第70—76页。中共中央党史和文献研究院编：《毛泽东年谱》第1卷，中央文献出版社2023年版，第279—280页。

杭、龙岩、永定等县纵横300多里的地区，解决了50多个区500多个乡的土地问题，使60多万人得到土地。[①]

二、洞前对谈

1929年秋，红四军转战闽西开辟苏区不断取得胜利，分田分地给当地贫苦农民。不甘失败的国民党军卷土重来，派赣军金汉鼎部一个团逼近上杭城。10月21日晚，毛泽东随邓子恢率领的闽西特委机关来到苏家坡。这里不仅是闽西特委所在地，还是毛泽东在闽西疗养、办学的一个据点。当时身患疟疾的他一边养病，一边代表红四军前委指导闽西特委，在这里工作和生活了40多天。其间，毛泽东住在苏家坡村“树槐堂”后厅左侧的小阁楼里，屋旁有一个天然岩洞，叫圳背岩洞，毛泽东经常到此休息、阅读。

邓子恢对毛泽东的病情非常关

① 中共中央党史研究室著:《中国共产党历史》第1卷（1921—1949）上册，中共党史出版社2011年版，第282页。

心，在极其艰苦的条件下想方设法为其补充营养，还找来当地最好的医生医治。经过一段时间的休养，毛泽东逐渐恢复了健康。在苏家坡的几十个日日夜夜里，邓子恢一直在毛泽东的指导下开展工作。两人在工作闲暇或晚饭后，经常到山上和村边小溪畔漫步，探讨理论问题和根据地的建设工作，邓子恢将毛泽东视作师长和益友，总是虚心向他请教。

一天傍晚，毛泽东和邓子恢如往常一样散步，走着走着，来到曲径通幽的圳背岩洞前。这时，毛泽东提出了这样一个问题："领导者的任务究竟是什么？"邓子恢虽长期领导闽西地区的群众斗争，但并没有在理论上研究过这个问题，一时回答不上来。毛泽东说："据我看来领导者并没有什么了不起的本事，他的任务就在于替群众当传达员，把大多数群众的意见传达给党委，党委根据群众意见加以总结分析作出决定，然后再传达到群众中去。"[1] 邓子恢听了不禁

① 邓子恢著：《龙岩人民革命斗争回忆录》，福建人民出版社1961年版，第51页。

点头称好。

后来，当地人民将毛泽东与邓子恢在苏家坡村圳背岩洞前的这次历史对谈称为“洞前对”。

毛泽东这几句话言简意赅，但这里面体现的正是后来我党逐渐形成的“从群众中来，到群众中去”的群众路线。邓子恢认为这一说法具有很强的针对性和创造性，便把毛泽东的讲话精神在闽西特委会议上传达。随后，特委将这一精神以《特委通告第十四号》的文件形式下发到闽西各县党政部门，教育广大领导干部进一步养成群众路线和求真务实的工作作风。文件规定，各级苏维埃政府应当“建立真正代表会议精神，自乡区一直到闽西的代表，必须遵照选举法直接由群众大会中选出来。……这样政府和群众自然密切联系起来，使群众深切认识这一代表会议政府，是他们自己选出来的事情，做好做坏，他们自己负责任，这样才能使苏维埃得到群众拥护永远巩固”。文件还要求“政府工作人员应有很好分工，各明责任，各级应尽量裁汰冗员（县政府减少到卅人以下，区政府九人以下，乡政府五人以下），节省开支（政府职员伙食费每月多至三元，零用费尽量减少，至多大洋三元），办事要敏速，防止官僚习气之发展”，“各级政府工作，应针对群众要求，为群众解除痛苦”。[①] 这些方针和措施，明确了各级党的职责，并以端正领导干部作风，解决群众关心问题为出发点，为各级政府逐步克服人浮于事的官僚习气，密切同群众联系和培养实事求是的工作作风，起了很大作用。

在苏家坡期间，毛泽东为帮助特委制定各项方针政策、切实解决群众困难，不辞辛劳，深入当地群众，做了大量调查工作。从家长里短，风土人情到收成好坏，毛泽东都听得津津有味，寻思解决百姓疾苦。

为详细了解当地土地革命情况，征求群众对分田政策的意见，毛泽东来到贫农雷选如家里，详细

① 江西省档案馆、中共江西省委党校党史教研室选编：《中央革命根据地史料选编》下册，江西人民出版社 1982 年版，第 30—31 页。

了解他家中现存的困难。雷选如向他反映了“谷贱伤农”的问题。当地农民虽然分得了土地，但当夏季丰收，各区均会出现粮食跌价现象。有时，自己出售一担稻谷，所得价款还不够支付割稻工资；而商人、富农以廉价收购粮食，损害许多贫苦农民的积极性。毛泽东听后，认为这是闽西土地革命中带有普遍性的一个问题。他马上与邓子恢商量，决定成立粮食调剂局，由各区调剂局向当地富农借款，按限价向贫农买粮，从而稳定了粮价。

为有效提高苏区干部素质，在这段时间里，毛泽东亲自指导闽西特委在苏家坡“鸿玉堂”举办了两期有闽粤赣3省苏区干部参加的训练班，即“政治军事干部训练班”和“农民运动训练班”。他经常询问训练班的学习情况，并抽出时间，结合实际给学员讲课，以提高地方党政干部解决实际问题的能力。很快为当地培养了一批既能从事政治工作和群众工作，又能带兵打仗的干部。

当了解到全村没有一所学校，很多人家三代都是文盲，迫切需要学习文化的情况后，毛泽东便与特委文教干部商量，建议特委创办了一所平民小学。可是村里缺乏经费和教书先生，甚至没有上课的地方。于是，毛泽东拿出自己的20块钱交通费，作为办学经费；又让特委机关的一个干部兼任教员；没有课本，毛泽东亲自编写；并将“树槐堂”的后厅腾出来作为教室。开学那天，毛泽东亲自为孩子们上了第一堂课，启发他们为翻身求解放而努力学好文化。从此，闽西很多乡村也跟着办起了平民小学。

12月，红四军党的第九次代表大会在古田召开。会上通过了由毛泽东主持起草的古田会议决议。决议明确规定了红军的性质、宗旨、任务，即“中国的红军是一个执行革命的政治任务的武装集团”，“红军决不是单纯地打仗的，它除了打仗消灭敌人军事力量之外，还要负担宣传群众、组织群众、武装群众、帮助群众建立革命政权以至于建立共产党的组织等项重大的任务”。决议还强调指出：“离了对群众的宣传、组织、武装和建设革命政权等项目标，就是失去了打仗的意义，也就是失去了红军存在的意义”，“一切工作，在党的讨论和决议之后，再经过群众去执行”。[1] 这是毛泽东在深入群众的基础上对群众的正确意见和观点做出的科学总结，为党的群众路线形成完备的科学理论奠定了坚实的思想基础。

“一切为了群众，一切依靠群众，从群众中来，到群众中去”的群众路线，后来发展成为中国共产党的生命线和根本工作路线，成为党永葆生机活力和战斗力的重要传家宝。历史已反复证明，人民群众是历史发展和社会进步的主体力量，充分调动人民积极性，始终是我们党立于不败之地的强大根基。

三、源远流长

“红旗越过汀江，直下龙岩上

①《毛泽东文集》第1卷，人民出版社1993年版，第79—80页。

杭。”苏家坡的一山一水，见证了这次对谈，开启了群众路线的思想航程；洞前的一问一答，诠释初心使命，指明了人民的价值取向。了解历史才能看得远，永葆初心才能走得远。站在历史与现实的交汇点上，追问“中国共产党为什么能”，“洞前对”告诉我们：“从群众中来，到群众中去”。

以毛泽东同志为主要代表的中国共产党人，在领导中国革命和建设的长期斗争中，把马克思主义基本原理同中国革命和建设实践相结合，提出了一系列关于群众和群众工作、密切联系群众、全心全意为人民服务的观点，形成并确立了系统的关于党的群众路线的思想。毛泽东与邓子恢在上杭苏家坡的“洞前对”虽已过去90多年，但其关于领导干部如何践行群众路线的核心思想至今仍有着永不过时的现实意义。

必须认真听取群众意见，弄清楚群众需求。党员干部要通过调查研究，深入了解群众需求，切实解决广大百姓关心关切的利益问题，不断提高人民群众的获得感、幸福感、安全感。要深入群众，常怀谦虚之心，让群众敢提意见、愿提意见，并且听得进群众意见。真正做到民有所呼我有所应，切实解决群众的问题。要大力构建听取群众意见的畅通渠道和沟通机制，确保群众关于社会各方面新情况新期待，特别是贯彻落实党的路线方针政策的睿智之言、务实之策能够被迅速收集和反映，为党中央决策提供依据。

必须对群众意见进行总结分析的基础上作决策，既尽力而为又量力而行。对来自群众的意见和要求，我们要进行客观分析、科学研判，区分合理诉求与不合理诉求、思想问题与实际问题、当前问题与长远问题、个性问题与普遍问题。在改善民生过程中，既要尽力而为、积极回应群众所需，又要量力而行、充分尊重客观规律。坚持从维护最广大人民根本利益的高度，立足于经济发展和财力状况的现实可能，有计划地逐步提高人民生活水平，使群众得到看得见、摸得着的实惠，使发展成果更多更公平惠及全体人民。

必须坚持工作好坏，群众“最有发言权”的原则立场。人民是我们党的工作的最高裁决者和最终评判者。“群众的眼睛是雪亮的。党员、干部身上的问题，群众看得最清楚、最有发言权”。要坚持开门搞活动，听取群众意见和建议，让群众监督和评议，切忌“自说自话、自弹自唱”，不搞闭门修炼、体内循环。衡量一切工作成效的最终标准，是看人民是否得到实惠，人民生活是否真正得到改善，人民权益是否真正得到保障。“人心就是力量。”党的宏伟奋斗目标，离开人民支持就绝对无法实现。党的执政水平和执政成效都不是由自己说了算，必须而且只能由人民来评判。脱离了人民，或者凌驾于人民之上，就必将被人民所抛弃。这是历史发展的铁律，古今中外，概莫能外。

习近平总书记指出：江山就是人民，人民就是江山。人民对美好生活的向往，就是我们的奋斗目标。我们的重大工作和重大决策必须识民情、接地气。要以人民群众利益为重、以人民群众期盼为念，真诚倾听群众呼声，真实反映群众愿望，真情关心群众疾苦。要坚持工作重心下移，深入实际、深入基层、深入群众，做到知民情、解民忧、纾民怨、暖民心，多干让人民满意的好事实事，充分调动人民群众的积极性、主动性、创造性。

树高千尺，其根必深；江河万里，其源必长。群众工作是我们党的看家本领，我们党靠群众工作起家，同样要靠群众工作实现长期执政。不论过去、现在和将来，我们都要坚持一切为了群众，一切依靠群众，从群众中来，到群众中去，把党的正确主张变为群众的自觉行动，把群众路线贯彻到治国理政全部活动之中。

坚持群众路线，就要坚持人民是决定我们前途命运的根本力量。必须充分尊重人民所表达的意愿、所创造的经验、所拥有的权利、所发挥的作用。只有珍惜人民给予的权力，用好人民给予的权力，自觉让人民监督权力，紧紧依靠人民创造历史伟业，我们党的根基才能永远坚如磐石。坚持群众路线，就要坚持全心全意为人民服务的根本宗旨。全心全意为人民服务，是我们党一切行动的根本出发点和落脚点，是我们党区别于其他一切政党的根本标志。党的一切工作，必须以最广大人民的根本利益为最高标准。面对人民过上美好生活的新期待，我们必须再接再厉，坚持共享发展，使发展成果更多更公平惠及全体人民，朝着共同富裕方向稳步前进。坚持群众路线，就要保持党同人民群众的血肉联系。我们党的最大政治优势是密切联系群众，党执政后的最大危险是脱离群众。只有把群众观点、群众路线深深植根于全党同志思想中，真正落实到每个党员行动上，下最大气力解决党内存在的问题特别是人民群众不满意的问题，我们党才能赢得人民群众的信任和拥护。

党的二十大明确了全面建成社会主义现代化

强国、实现第二个百年奋斗目标、以中国式现代化全面推进中华民族伟大复兴的中心任务。中国式现代化是亿万人民自己的事业，人民是中国式现代化的主体。中国式现代化旨在满足人民群众的现实利益、实现人的自由全面发展；而实现中国式现代化的宏伟目标，必须依靠人民群众的智慧和力量，发挥人民群众的创造力、想象力和执行力。

中国共产党来自人民，为人民而生，因人民而兴。为人民而战，靠人民而胜。从实现摆脱贫困的千年梦想，到抗击百年不遇的新冠疫情，再到贡献无与伦比的冬奥会、亚运会，亿万人民的支持与参与，正是中国共产党一往无前、无往而不胜的力量之源。无论是风高浪急还是惊涛骇浪，人民永远是我们最坚实的依托、最强大的底气。

过去，我们紧紧依靠人民交出了一份又一份载入史册的答卷；未来，我们仍然要依靠人民创造新的历史伟业。

『党史六对』之三

枣园对

实事求是，是我们党的基本思想方法、工作方法、领导方法

1943 年前后——

陈云先后 3 次发问：
怎样才能少犯错误，或者
不犯大的错误？

毛泽东的回答都是相似的：
犯错误是思想方法问题。

而后，
陈云读了毛泽东的著作和
起草的文件、电报，
感觉到这其中贯穿着一个基本指导思想，
就是毛泽东反复强调过的
“实事求是”。

行走在陕北，这里原阔峁秀、岭峻坡平、林茂水清，古城延安静卧在群山环抱之中，呈现一派勃勃生机。这是一片充满红色记忆的土地。

3 月的枣园，春风习习，柳丝轻扬，花草繁盛。漫步枣园，一草一木仿佛在诉说着过往岁月的峥嵘。凝望依山而建的古朴窑洞，抚摸时光晕染的斑驳油灯，耳畔油然再现枣园深处的经典对谈。

一、毛泽东和陈云的“枣园对”

中国共产党从 1942 年开始在全党进行整风，这场马克思主义思想教育运动收到巨大成效。

它坚持马克思主义同中国实际相结合的正确方向，使实事求是的马克思主义思想路线日益深入人心。

1943 年 3 月，时任中共中央组织部部长的陈云因疲劳过度患了心脏病，中央书记处决定他休养一段时间。毛泽东为照顾陈云养病，将他由杨家岭迁至自己的住地枣园居住。陈云在此治疗休养了近一年。

此前，来到延安的陈云前后 3 次向毛泽东请教自己苦思良久仍未参透的问题——“我们怎样才能少犯错误，或者不犯大的错误呢？”

这是陈云一直苦思不解的问题。1935 年遵义会议后，陈云奉命到莫斯科。他来到列宁学校，系统学习了马克思主义的基本理论。在那时，他反复思考这样一个问题：人为什么会犯错误？是因为知识少吗？他问自己，如党内的一些领导人像陈独秀、瞿秋白、李立三都是有学问的人，为什么还会犯错误？他联系自己的经历，分析犯错误的重要原因是否是因为经验少呢？对这些问题，他看得很重，但一直没有得到满意的答复。①

据陈云后来回忆：在延安的时候，我曾以为自己过去犯错误是由于经验少。毛主席对我说，你不是经验少，是思想方法不对头。他要我学点哲学。过了一段时间，毛主席还是对我说犯错误是思想方法问题，他以张国焘的经验并不少为例加以说明。第3次毛主席同我谈这个问题，他仍然说犯错误是思想方法问题。②

毛泽东一贯主张立足中国国情寻求正确革命道路，他深刻总结党的历史上正反两方面经验，大力倡导把马克思主义基本原理同中国革命具体实际相结合，形成了实事求是的思想方法、思想路线。

① 中共中央文献研究室编：《陈云传》（一），中央文献出版社2015年版，第312页。

②《陈云文选》第1卷，人民出版社1995年版，第342页。

对于实事求是，毛泽东曾经作过精辟的论述："实事"，就是客观存在着的一切事物，"是"就是客观事物的内部联系，即规律性，"求"就是我们去研究。实事求是的态度，要求我们对周围环境作系统的周密的调查研究；要求不单懂得外国还要懂得中国，不单懂得中国的今天，还要懂得中国的昨天和前天。

在枣园，陈云循着毛泽东的点拨，抓住难得的学习机会，把他从井冈山时期到延安时期撰写的著作和起草的文件、电报，都找来看，研究毛泽东处理问题的方法，感到里面贯穿着一个基本指导思想，就是毛泽东反复强调过的"实事求是"。

这就是毛泽东与陈云的"枣园对"。

从思考"错误到底是从哪里来"，到从思想方法上、哲学上思考错误的根源，再到认识到错误源自"主观对客观事物认识上有偏差"，最后将犯错误的原因聚焦到“误把局部当成了全面”；陈云认为自己和党内许多同志参加革命这么多年，犯错误都是因为认识上存在片面性。

“人之所以犯错误，都是由于不了解实际情况就匆忙地决定对策，主观与客观相脱离。”“过去所以犯错误，也不是对实际情况一点都不了解，只是了解的情况是片面的，而不是全面的，误把局部当成了全面。”①

怎样才能做到实事求是呢？陈云进行了深刻的思考和实践，概括出践行实事求是的“十五字诀”：“不唯上、不唯书、只唯实，交换、比较、反复。”②

在晚年的一次谈话中，陈云系统阐释了上面的“十五字诀”。

“不唯上，并不是上面的话不要听。不唯书，也不是说文件、书

①《陈云文选》第1卷，人民出版社1995年版，第343页。
②《陈云文选》第3卷，人民出版社1995年版，第371页。

都不要读。只唯实，就是只有从实际出发，实事求是地研究处理问题，这是最靠得住的。”

“交换，就是互相交换意见。比方说看这个茶杯，你看这边有把没有花，他看那边有花没有把，两人各看到一面，都是片面的，如果互相交换一下意见，那末，对茶杯这个事物我们就会得到一个全面的符合实际的了解。过去我们犯过不少错误，究其原因，最重要的一点，就是看问题有片面性，把片面的实际当成了全面的实际。作为一个领导干部，经常注意同别人交换意见，尤其是多倾听反面的意见，只有好处，没有坏处。”

“比较，就是上下、左右进行比较。抗日战争时期，毛主席《论持久战》就是采用这种方法。他把敌我之间互相矛盾着的强弱、大小、进步退步、多助寡助等几个基本特点，作了比较研究，批驳了‘抗战必亡’的亡国论和台儿庄一战胜利后滋长起来的速胜论。毛主席说，亡国论和速胜论看问题的方法都是主观的和片面的，抗日战争只能是持久战。历史的发展证明了这个结论是完全正确的。由此可见，所有正确的结论，都是经过比较的。”

“反复，就是决定问题不要太匆忙，要留一个反复考虑的时间。这也是毛主席的办法。他决定问题时，往往先放一放，比如放一个礼拜、两个礼拜，再反复考虑一下，听一听不同的意见。如果没有不同的意见，也要假设一个对立面。吸收正确的，驳倒错误的，使自己的意见更加完整。并且在实践过程中，还要继续修正。因为人们对事物的认识，往往不是一次就能完成的。这里所说的反复，不是反复无常、朝令夕改的意思。”①

通过艰苦的思考和探索，陈云深刻领悟到实事求是的真谛，进而创新概括出实事求是的“十五字诀”，是他与毛泽东“枣园对”的理论结晶，堪称我们党思想理论宝库的永恒瑰宝。

①《陈云文选》第3卷，人民出版社1995年版，第371—372页。

二、坚持实事求是，西北财经工作结硕果

1944 年 3 月，在枣园的陈云接到中共中央通知，离开工作了 7 年的中央组织部，到西北财经办事处，主持西北财经工作。

这时的西北财经工作形势很不轻松。

陕甘宁边区地处西北黄土高原，虽然有盐、煤、油、碱、铁、药材，但经济技术落后。1941 年皖南事变后，国民党对陕甘宁边区实行严密封锁，全部外援断绝。边区财政经济陷入严重困难。

“我们曾经弄到几乎没有衣穿，没有油吃，没有纸，没有菜，战士没有鞋袜，工作人员在冬天没有被盖。国民党用停发经费和经济封锁来对待我们，企图把我们困死，我们的困难真是大极了。”① 这是毛泽东回忆中的当时情形。

①《毛泽东选集》第 3 卷，人民出版社 1991 年版，第 892 页。

为解决巨大的困难，陕甘宁边区政府想方设法努力开源节流，发展生产。边区政府紧缩开支的同时，不得不暂时增加税收。但是，征粮任务太重，有的群众不满起来。

“那时候的公粮是多少呢？费九牛二虎之力才收二十万石。那一年雷公打死了一个县长，老百姓就说：‘为什么不打死毛泽东？’”① 新中国成立后，陈云回忆里这样说。

中国共产党和陕甘宁边区政府努力开展大生产运动，基本解决了粮食问题。但是边区的财经状况还是很严峻。当时的数字是这样的：货币发行量上，1943 年比 1942 年增加 13 倍；物价上，1943 年比 1942 年涨了 20 倍；1943 年下半年开始物价猛涨的同时，贸易、金融和财政问题日益凸显。

这成为陈云转到财经岗位后首先和必须要研究和解决的难题。②

① 中共中央文献研究室编：《陈云传》（一），中央文献出版社 2015 年版，第 355 页。

② 中共中央文献研究室编：《陈云传》（一），中央文献出版社 2015 年版，第 358 页。

他潜心研究边区货币贬值的原因，提出解决金融困难的总方针：首先是要靠发展生产，还要尽可能地把边区生产的东西运出去，增加出口，使进出口达到平衡，再就是要减少货币发行量，厉行节约。

为此，陈云要求继续发展生产，力争产出更多的粮食，实现粮食自给自足。与此同时，争取实现日用工业品的自给。为此，他直接过问边区的公营、私营和合营工业的发展。在陈云的努力下，不少工业品从无到有，诸如瓷器、生铁、化学用品等边区都能自己生产。一年下来，边区日用工业品基本自给，棉花等经济作物增产，进口减少相当数量，金融困难得到了很大程度的缓解。1944 年底，陕甘宁边区的财政收支基本达到平衡。1945 年，随着反攻的到来，边区财政储蓄仍足用一年，得以解决了广大干部出发开辟新解放区的各种费用，同时为边区人民留下一些家底。

1944 年至 1945 年，也就是陈云主持陕甘宁边区经济工作的两年，成为边区经济建设的高潮时期。陈云以出色的才能，迅速扭转危难局面，实现金融稳定、财政平衡和生产发展，为抗日反攻准备了力量，也为解放战争作了重要的物质准备，创造了中外战时财经史上的光辉一页。

上述成就的取得，离不开陈云坚持一切从实际出发。他说：“我们不要那些洋的”，“我们要从土的出发，从延安出发，不从伦敦出发，不从上海出发。”① 他反对照搬照抄《资本论》等书本和一般经济学原理。

为此，陈云注重调查研究，注意搜集第一手的经济情报，要求从当时当地的实际情况来开展工作。他经常到延安的市场上，和群众、干部谈话直接了解情况和各方意见，取得最新鲜的材料。与此同时，他派人到西安等大城市侦察、搜集经济情报，注意从报纸、杂志及文献资料中寻找相关资料及线索。

① 中共中央文献研究室编：《陈云传》（一），中央文献出版社2015年版，第393页。

“陈云同志非常注意从各方面研究和了解市场发展情况，他曾亲自带领我去枣园党中央图书馆，查阅国民党地区发行的各种报纸、杂志和书籍中有关西北盐业及花纱布的产、供、销资料，指导编印《西北盐业资料汇编》及《西北花纱布资料汇编》二书，送解放社印刷厂各印300册，分发有关干部学习参考，使大家开阔眼界，增长知识。”“陈云同志指导编印的《经济消息》半月刊，是革命根据地铅印出版最早的经济报刊，主要是从订阅国民党统治区的各种报刊上摘选财经资料和行情变化讯息，提供业务部门干部参阅，并送中央领导同志研究。创刊前，陈云同志亲到解放社印刷厂，商定为保证出版及时，每期稿一到即交排印。平时，他看到有用的材料，便立刻交代采用。从1945年1月23日至9月29日，共出版了30期，开始仅印100份，后增至200份。所有铅印书刊，都用陕甘宁边区生产的马兰草纸和自产油墨。”① 当时在陈云身边工作的朱劭天回忆里这样说。

①《缅怀陈云》编辑组编:《缅怀陈云》，中央文献出版社2000年版，第176—177页。

陈云此举得到了中共中央的重视和大力支持。1944 年 7 月，中央向各地下发《关于收集研究全国经济情报的通知》，要求各地“每周或每半月或一月用专门的经济情报密码向西北财经办事处通报一次，如遇金融上重大风潮时，随时报告”。①

上述成就的取得，还与陈云善于同他人交换意见，对各种情况进行反复比较研究的做法密切相关。他结交了很多科技人员、经济理论学者，如延安自然科学院副院长陈康白、经济学家丁冬放、留德化学家刘咸一、延安兵工厂厂长沈鸿、化学家钱志道等。② 他经常向他们请教问题。与此同时，在陈云的主持下，西北财经办事处每周在边区银行召开一次例会，召集西北财经办事处秘书长曹菊如、工业组长陈郁，边区财政厅厅长南汉宸、贸易总局局长叶季壮和副局长范子文，边区银行行长黄亚光、银行研究室主任苏子仁，

① 中央档案馆编:《中共中央文件选集》第 14 册，中共中央党校出版社 1992 年版，第 286 页。

② 中共中央文献研究室编:《陈云传》(一)，中央文献出版社 2015 年版，第 394—395 页。

边区土产总公司经理喻杰等这些对陕甘宁边区财经工作某个领域有经验的领导人员对当前财经工作中的重大问题进行交流咨询，研究决策。

陈云经常在晚上找曹菊如等，让他们去他住处进行谈话，“几次交谈到深夜，曹菊如同志因年纪大，打瞌睡睡着了，陈云同志才笑着停下来。他认为，搞经济工作对数字必须十分认真，不要含糊出差错。”①

1945 年 5 月，在党的七大上，陈云结合自己的经历，发言说只有依靠实事求是，不盲从才能少犯错误。

“要有实事求是、分清是非的精神。当一个事情作了决定，要看一看它与客观是否相符。假如有人说这是机会主义，也不要忙于跟着说。”

①《缅怀陈云》编辑组编：《缅怀陈云》，中央文献出版社 2000 年版，第 177 页。

“要保证以后不再犯错误，就

要用实事求是的方法，以革命者的责任心去分清是非，弄清问题。”①

“我们要讲真理，不要讲面子。是什么就是什么，应该怎样就怎样。有的时候你愈要面子，将来就愈要丢脸。只有你不怕丢脸，撕破了面皮，诚心诚意地改正错误，那时候也许还有些面子。共产党员参加革命，丢了一切，准备牺牲性命干革命，还计较什么面子？把面子丢开，讲真理，怎样对于老百姓有利，怎样对于革命有利，就怎样办。”

“如果我们的同志都把心摆得非常正，非常实事求是，毫无个人主义，可以抵得十万军队，一百万军队，这是无敌的力量。”②

三、陈云毕生践行实事求是

对于实事求是，陈云践行了一生。

① 中共中央文献研究室编：《陈云年谱》（修订本）上卷，中央文献出版社2015年版，第478—479页。

②《陈云文选》第1卷，人民出版社1995年版，第296—297页。

也正是在“十五字诀”的指导下，陈云成功度过他自己人生中的“紧急重大”的13天、“重要的72小时”。

1946年10月，国民党撕毁“停战令”，重燃战火。他们集中兵力向南满根据地发起进攻，实行“南攻北守，先南后北”的作战方针，夺取整个东北。

当时东北民主联军南满部队（辽东军区）兵力不足4万人。敌我双方力量悬殊，形势异常严峻。究竟是北撤，还是继续留在南满坚持？南满党内分歧严重。在这个时刻，作为东北局副书记的陈云主动请缨到南满去。

陈云明白，尽管他是“一路背着‘坚持’的方针”，带着中央和东北局“牵制敌人，保存自己，坚持南满”的指示来的，但不能硬性强迫南满的将士们执行，必须找到一个统一思想的途径和办法。如果干部思想不统一，坚持南满的任务将很难完成。

怎样有效地统一南满干部的思想，成为摆在陈云面前头等重要的问题。

同时，还有其他各种各样的困难。正如陈云自己所说，“感到有困难的，决非在人事，这我完全可以对付，困难在于军事，我毫无经验。发生争论时，我无从说话，必须弄清事实，弄清利害，才能下决心。”“本来懂得军事的人，有许多问题是常识问题，但对我来说，却非下大力去摸不可。这件事比在北满不知苦多少倍，尤其因为军事常常逼在眼前，非迅速决定不可，而且我不能不管。但勇气是有的，现在正鼓起勇气来补十年内战、八年抗战所未上的课。”①

12 月 4 日临江，陈云主持召开第一次南满地区军队和地方主要负责人会议。会上，他宣布成立南满分局，传达中共中央及东北局对南满工

①《陈云文选》第 1 卷，人民出版社 1995 年版，第 327 页。抗战开始时间为 1931 年，表述为 14 年抗战。

作的指示：坚持南满的对敌斗争。但是，争论也就从此开始了。面对争论，此后一个星期，陈云一边调查情况，一边找干部谈，研究坚持南满的办法。

12 月 13 日，顶着大风雪的陈云到达前线指挥部七道江。他并没有立刻开会宣布决定，而是分别同南满的领导人萧劲光、萧华等进行谈话，摸底了解党组织和军队的情况，听取他们的意见。

陈云了解到，前方多数主要领导干部经过反复交换意见同意“不宜去北满”。他更了解到，仍有部分领导干部主张“一部或大部转移北满”，他们认为：“运动战、加兵、北满有帮助，敌后危险。”① 这时情况已经与 12 月初不同了，作决定的时机成熟了。

陈云决定开会宣布决定。这就是著名的七道江会议。

① 中共中央文献研究室编：《陈云传》（一），中央文献出版社 2015 年版，第 483 页。

12 月 14 日，在会上，陈云全面分析形势，阐述了坚持南满可以与北满互成犄角，对我方很有利。

面对部分领导干部“转移北满”的主张，陈云细细算了一笔账——对“留下”和“撤走”的利害得失进行了反复比较。他说，“如果我们不坚持南满，向北满撤，部队在过长白山时要损失几千人。撤到北满，敌人还要追过来，还要打仗，从南满撤下来的部队又会损失几千人。由于我们从南满撤了，敌人可以全力对付北满，那时北满也很可能保不住，部队只得继续往北撤，一直撤到苏联境内。但我们都是中国共产党人，不能总住在苏联，早晚有一天还要打过黑龙江，打到北满，打到南满。在这些战斗中，以前从南满撤下来的部队又要损失几千人。而且，当初主力撤回北满后留下来的地方武装也会受到很大损失。”

“相反，如果我们留下来坚持南满，部队可

能损失四分之三，甚至五分之四，但只要守住南满，就不会失去犄角之势，就可以牵制敌人大批部队，使他们不能集中力量去打北满。两相比较，还是坚持南满比撤离南满损失小。”①

最后，陈云进行拍板，作出坚持南满、敌后“大闹天宫”与正面战场作战相结合的重大决策。40多年后，萧劲光回忆说：“这是关键时刻决定性的一板。这是陈云对坚持南满斗争的一大贡献。”②

12月16日，陈云、萧劲光、萧华等联名致电东北局书记林彪、东北局并中共中央，报告坚持南满斗争的决定，并部署部队行动。但林彪对坚持南满、部分主力深入敌后仍存犹疑，12月24日，陈云起草以他和萧劲光、萧华名义给林彪等的电报，指出部队的行动有效，证实坚持南满斗争的正确。12月26日，

① 中共中央文献研究室编：《陈云传》（一），中央文献出版社2015年版，第483—484页。

② 萧劲光：《四保临江的战斗岁月》，《辽沈决战》（上），人民出版社1988年版，第255页。

林彪等致电南满分局，肯定了坚持南满的作用和意义。

后来，陈云将 13 日夜至 26 日称为“紧急重大”的 13 天，尤其是 13 日夜至 16 日称为“重要的 72 小时”。之所以如此，恰如《陈云传》所说：所谓“重大”，就是“坚持南满”还是“撤到北满”非同小可，是关系全局的大事，关系到能否粉碎国民党对南满、北满采取的“南攻北守、先南后北”的作战方针，关系到能否巩固党在南满、北满的革命根据地，关系到解放整个东北的战局能否顺利发展；所谓“紧急”，就是必须在非常短促的时间内拍板定策，不容许游移不决；所谓“吃力”艰难，就是他深感自己军事斗争经验缺乏，而面临的情况又十分复杂，对于是“坚持南满”还是“撤到北满”，在南满干部和东北局的看法不尽一致，决策起来难度是很大的。①

① 中共中央文献研究室编：《陈云传》(一)，中央文献出版社 2015 年版，第 488—489 页。

陈云所以能顺利度过“紧急重

大”的13天、“重要的72小时”就在于采用了正确的方法，即先进行调查研究，广泛听取存在的两种不同意见。他认为，在关键时刻、关键问题上，各种不同意见允许发表，这是好事，不是坏事。[①]还有，就是要进行比较，这会让大家更清楚地认识到坚持南满更为有利。这种工作方法和决策方法，就是陈云后来所说的“交换、比较、反复”的方法。

1995年4月，陈云逝世后，中共中央在讣告中说，陈云在东北时“坚定地执行党中央和毛泽东同志的正确的战略思想、工作方针和作战方针，并提出了若干关系全局的正确意见，为东北根据地的巩固和全境的解放，为东北经济的复苏和大部队顺利进关作战，作出了突出贡献”。[②]

2015年6月，习近平总书记在纪念陈云同志诞辰110周年座谈会上的讲话指出：“我们纪念陈云同志，就要学习他实事求是的

① 中共中央文献研究室编：《陈云传》（一），中央文献出版社2015年版，第489页。

②《人民日报》1995年4月12日。

精神。”

“每逢重大决策之前，陈云同志总要做大量调查研究，听取多方面意见。他脚踏实地，反对虚夸浮躁、急功近利。”

“实践反复证明，能不能做到实事求是，是党和国家各项工作成败的关键。全党同志一定要把实事求是贯穿到各项工作中去，经常、广泛、深入开展调查研究，努力把真实情况掌握得更多一些、把客观规律认识得更透一些，为协调推进‘四个全面’战略布局打下扎实的工作基础。”①

四、“枣园对”的现实启示

习近平总书记指出：“实事求是，是马克思主义的根本观点，是中国共产党人认识世界、改造世界的根本要求，是我们党的基本思想方法、工作方法、领导方法。不论

① 习近平：《在纪念陈云同志诞辰110周年座谈会上的讲话》（2015年6月12日），人民出版社2015年版，第9—10页。

过去、现在和将来，我们都要坚持一切从实际出发，理论联系实际，在实践中检验真理和发展真理。”①过去我们依靠实事求是取得新民主主义革命、社会主义革命和建设、改革开放的伟大成就。今天，中国特色社会主义进入新时代，我们要实现第二个百年奋斗目标，实现中华民族伟大复兴的中国梦，仍然要实事求是，一切从实际出发。

坚持一切从实际出发是坚强党性的体现。“坚持从实际出发、实事求是，不只是思想方法问题，也是党性强不强问题。从当前干部队伍实际看，坚持实事求是最需要解决的是党性问题。”②敢不敢坚持实事求是，考验着政治立场和道德品质，始终是领导干部党性纯不纯、强不强的一个重要体现。干部是不是实事求是，最根本的要看是不是讲真话、讲实话，是不是干实事、求实效。要做到实事求是，要有正确的思想方法和工作

① 习近平：《在纪念毛泽东同志诞辰120周年座谈会上的讲话》（2013年12月26日），人民出版社2013年版，第15页。

②《人民日报》2021年9月2日。

方法，更要有公而忘私和不计个人得失的品格，要敢于坚持真理，坚持求真务实，不断强化党性修养锻炼。

坚持一切从实际出发要坚持“十五字诀”的思想方法和工作方法。实事求是，是共产党人的重要思想方法、工作方法、领导方法。“十五字诀”则是践行实事求是的切实可行的世界观和方法论。认真把握“十五字诀”的精神实质，充分认识社会主义现代化建设的长期性、艰巨性和复杂性，有助于我们更快更好地实现全面建设社会主义现代化国家，实现中华民族伟大复兴中国梦的宏伟目标。

坚持一切从实际出发要做好调查研究。调查研究是谋事之基、成事之道，是坚持群众观点的一种很重要的方式。开展调查研究就是走群众路线，没有调查就没有发言权，就没有决策权。领导干部要带头深入实际和基层，通过实地调查、蹲点调查、访问调查等调查方法探索解决问题的方法和途径，努力把真实情况掌握得更多一些、把客观规律认识得更透一些，为做好各项工作、担当作为打下扎实基础，找到解决问题的金钥匙。

坚持一切从实际出发要进行理论创新。马克思主义基本原理是普遍真理，具有永恒的思想价值，但马克思主义经典作家并没有穷尽真理，而是不断为寻求真理和发展真理开辟道路。而党之所以能够历经考验磨难无往而不胜，关键就在于不断进行实践创新和理论创新。以中国式现代化全面推进中华民族伟大复兴，就要用马克思主义中国化时代化创新理论之“矢”去射新时代中国之“的”，以科学的态度对待科学、以真理的精神追求真理，以满腔热忱对待一切新生事物，不断拓展认识的广度和深度。

历久弥新的枣园对谈，犹如一盏思想的明灯，在时间的长河里，照亮历史的天空。过去，我们已经靠实事求是实现成功；将来，我们依然要靠实事求是走向新的成功！

『党史六对』之四

甲申对

增强忧患意识，做到居安思危

1944 年 11 月 21 日——

在党的扩大的六届七中全会总结
党的历史经验期间，

毛泽东复信郭沫若：
你的《甲申三百年祭》，
我们把它当作整风文件看待。
小胜即骄傲，大胜更骄傲，
一次又一次吃亏，
如何避免此种毛病，
实在值得注意。

甲申三百年祭

凡树有根，方能生发；凡水有源，方能奔涌。山水名城重庆，嘉陵江与长江在这里交汇，浪涛激荡，逶迤远去；高原明珠延安，南川河与延河在这里汇合，清波辉映，遥接星汉。

放眼巴山渝水，一处红色地标见证了一张党报散发出的“新华之光”。行走重庆主城，俯瞰虎头岩村，一群青瓦灰墙、黑白相间的古建筑依山而立，这里是中共中央南方局主办的《新华日报》总馆旧址。抗日战争时期，重庆作为国民政府战时陪都，成为中国大后方的政治中心。

岁月不居，记忆有痕。光影在川流不息中定格，进入镜头的是一代伟人毛泽东、一代文人郭沫若。1944 年早春，一部史学名篇《甲申三百年祭》犹如一道闪电，横空出世，举国震动。由此，毛泽东、郭沫若一北一南，书信往来，相互呼应，引发共鸣。这场驰誉党史的著名对谈，堪称“醒世恒言”，仿佛一记警钟，久久回荡在历史的天空。

一、一场古为今用的隔空对谈

时光的表盘上总有一些耀眼的节点，标注着历史的年轮。1944 年，按照我国农历纪年算是甲申年。这一年，世界反法西斯战争形势发生了根本性变化，无论是在欧洲战场，还是东方亚洲战场，反法西斯战争胜利的形势日趋明朗。中国共产党领导的敌后军民在华北、华中、华南地区，对日、伪军普遍发起局部反攻。令人惊愕的是，面对如此大好形势，国民党军队却在正面战场“导演”了一场全面军事溃败。1944 年春，处境愈来愈困难的日本侵略者，为挽救其在南洋的颓败，消除美国远程轰炸机对其本土的威胁，在中国战场打通平汉、粤汉和湘桂铁路，以连接从中国东北通往东南亚的大陆交通线，摧毁中国南部的中美空军基地，日军以40余万兵力发动豫湘桂战役。国民党军队在豫湘桂战役中，除在少数战斗中进行了较激烈的抵抗外，大多数的情况是一触即溃，甚至不战而逃，丢失河南、湖南、广西、广东、福建等省的广大地区，总计20万平方公里土地，146座城市，使6000多万同胞沦于日本帝国主义的铁蹄之下。① 国民党的严重腐败，导致其军队在日军进攻面前几乎完全丧失战斗力。豫湘桂战役的大溃败，是国民党长期消极抗日的恶果，使国民党统治集团的威信扫地，进一步失去民心。这与国民党在抗战中奉行的反动政策密不可分。

1943年3月，国民党以蒋介石的名义出版《中国之命运》一书。这本书伪造和篡改中国的历史，歌颂封建主义，鼓吹法西斯主义，公开提出既反对共产主义又反对自由

① 中共中央党史研究室著:《中国共产党历史》第1卷（1921—1949）下册，中共党史出版社2011年版，第626—627页。

主义（即资产阶级民主主义）的主张，反对中国共产党的民族民主革命的理论和实践。该书还以貌似公允的立场将明朝灭亡的原因归结于明末“党派倾轧”和“流寇横行”等因素，认为近300年的明室，是在李自成、张献忠等“流寇”与关外清军的“内外交侵之下”覆灭。李自成在这里被国民党用来影射和诋毁中国共产党。它诬蔑共产党领导的八路军、新四军为“新式军阀”，根据地为“变相割据”，暗示两年内一定要消灭共产党。国民党还大量出版其他反共、反民主的书籍和刊物，大肆压制和扼杀进步文化。

面对国民党的诋毁，中共中央迅即作出反应。除延安发起各种政治宣传攻势外，毛泽东多次电示在重庆的中共中央南方局，要求组织文章回应国民党的污蔑，从学术上批驳《中国之命运》，以肃清其流毒。南方局除组织文章在《新华日报》上驳斥法西斯主义，还按照中央的要求，把一些重要文章印成中、英文小册子，在国民党统治区中外人士中散发，产生了很大的影响。

1944 年 1 月 15 日，中共中央南方局主办的《新华日报》和《群众》杂志约请历史学家郭沫若，以明亡 300 周年历史借鉴为主旨撰写文章进行反击。郭沫若欣然接下约稿后，花费了一个多月的时间，搜集整理材料，精心研究，反复思考。在此期间，他阅读了《剿闯小史》等书，并向好友翦伯赞去信请教有关问题，深入了解明末农民起义的历史。几易其稿，郭沫若于 3 月 10 日撰写完成了近 2 万字的史论文章《甲申三百年祭》，送南方局负责人董必武审阅后，于 1944 年 3 月 19 日至 22 日在《新华日报》连载发表。

文章首先以大量有据可考的史实，分析论证了明朝灭亡的原因是明末政治腐败，明室专制，加之灾荒严重，造成官逼民反，外族乘虚而入，招致亡国之祸。而非《中国之命运》所谓“流寇”和外族侵犯。接着，文章以主要篇幅论述了李自成农民军从胜利走向失败的历史过程，深刻总结了农民军占领北京后，被胜利冲昏头脑，麻痹轻敌，李自成及其主要将领生活腐化，发生宗派斗争，最终在胜利后短短40余天就功败垂成的惨痛教训。1644年农历2月，李自成领导的明末农民起义军东渡黄河，以摧枯拉朽之势，很快便打到北京。3月19日，崇祯帝吊死煤山，明朝灭亡。农民军仅用3天就攻占北京城，推翻明朝统治，建立大顺政权。进入北京后，大顺政权却被暂时的胜利冲昏头脑，失掉应有的“清醒”而“沉沦进了过分的陶醉里”。李自成部下牛金星、刘宗敏等经受不住荣华富贵、灯红酒绿的诱惑和考验，丧失了农民军艰苦奋斗的本色，蜕化变质成为腐败的俘虏。大家昏昏然，似乎天下已经太平，全然放松了对近在肘腋的关外大敌的警惕。山海关仅仅派了几千兵力去防守，尽管平时军令甚严，但此时几十万士兵却囤积在京城里面享乐。4月19日，李自成亲率大军东征吴三桂，在山海关外被吴三桂与清军夹击败归，“仓惶而去，仓惶而败，仓惶而返”①，10天后被迫

① 郭沫若著:《甲申三百年祭》，人民出版社2004年版，第29页。

退出北京。随后，大顺军在河北、山西等地一败再败，损兵折将，李自成最终客死湖北九宫山。明末农民起义军历经十几年艰辛奋战，推翻明王朝，但在京城仅几十天后，即被入关清军击溃，退出北京。

甲申三百年所祭的不是明王朝，而是“规模宏大而历经长久的农民革命”。郭沫若运用历史唯物主义的观点，指出专制腐败的明王朝是必然要灭亡的，并以重要篇幅论述了被传统史学视为“流寇”的李自成农民军，同时分析了农民阶级的局限性。《甲申三百年祭》借历史之实，巧妙地回应了所谓明亡始于“寇乱”的谬论，尖锐地把如何吸取历史教训，从制度上防止为政者腐败提到了人们面前，揭示了“腐败导致灭亡”“骄傲导致失败”的历史规律。这一长篇史论思想深邃、文风犀利，具有强烈的现实针对性，一经发表，便在社会上引起巨大反响，激起各界对中国未来的思考。

从腐败丛生的明末吏治，联想到声名狼藉的国民党官场，文章实际是在警告国民党顽固派，面对日本帝国主义入侵，若不改弦易辙，坚持国共合作共同抗日，继续坚持独裁分裂、倒行逆施，必将成为历史罪人。在民族危亡日益加深的历史时刻，与国统区政治腐败、民不聊生相对照，西北高原的陕甘宁边区成为政治清明、民主空气浓厚的乐土，大批青年学生和知识分子千里奔赴延安，形成了人心归附的历史奇观。《甲申三百年祭》的犀利反击，使国民党当局如芒刺在背。1944 年 3 月 24 日，国民党机关报《中央日报》发表社论《纠正一种思想》，抨击郭沫若的文章是影射史学，散播失败主义，攻击政府当局，叫嚣“不能姑息和放松这种反常思想，听其谬论流传”。此后，《商务日报》《政治月刊》等一些报刊亦步亦趋，异口同声地发文攻击。

面对这些攻击，郭沫若以一笑置之。当时有位朋友去看望他，说：“人家骂你‘为匪张目’”。

话未讲完，郭沫若便凛然说道："我郭沫若就是要为'匪'张目啊！"[①] 他在《甲申三百年祭》发表1个月后致信美国费正清博士，称此文"本是研究性质的史学上的文字"，《中央日报》的社论是"无理取闹的攻击"，"我只感觉着论客们太可怜了，竟已经到了歇斯迭里的地步"。[②]

《甲申三百年祭》虽然遭到国民党文人墨客的"围剿"，它却赢得许多大后方爱国民主人士、革命群众的称赞。4月15日，柳亚子、翦伯赞等知名学者在《群众》杂志发表《纪念三百年前的甲申》《桃花扇底看南朝》《明末的政治风气》等文章配合支持郭沫若的《甲申三百年祭》，遥相呼应。6月，柳亚子又在《现在的中国会等于明季吗?》一文中评论道："近来有人写关于甲申三百年纪念的文章，对于自成略略有些持平之论，便另外有人大惊小怪起来，说他在影射些什么什么。其实，要是把李自成来影射某种集团，或影

① 龚继民、方仁念编：《郭沫若年谱(1892—1978)》中册，天津人民出版社1992年版，第572页。

② 郭沫若著：《沸羹集》，大孚出版公司1947年版，第172—173页。

射某种人物，那才是对于革命极大的侮辱呢。”①

中国共产党人非常重视郭沫若的文章。在1000多公里之外的延安，毛泽东从郭沫若的文章中读出了警示深意以及其背后的重要现实价值，将其作为全党干部学习的整风文献。1944年4月12日，毛泽东在延安作整风运动总结的《学习和时局》报告时，历数了党的历史上因为骄傲而吃了4次大亏的教训，强调“全党同志对于这几次骄傲，几次错误，都要引为鉴戒。近日我们印了郭沫若论李自成的文章，也是叫同志们引为鉴戒，不要重犯胜利时骄傲的错误。”②4月18日至19日，《解放日报》全文转载《甲申三百年祭》，并在编者按中赞扬道：

“郭先生根据确凿的史实，分析了明朝灭亡的社会原因，把明思宗的统治与当时农民起义的主将李自成的始末作了对照的叙述和客观的评价——还给他们一个本来面目。郭先生虽然推翻了流俗关于李自成等

①《柳亚子文集（磨剑室文录）》下册，上海人民出版社1993年版，第1439页。

②《毛泽东选集》第3卷，人民出版社1991年版，第948页。

的无知胡说，但是对于他的批评也是极严格的。不过无论如何，引起满清侵入的却决不是李自成，而是明朝的那些昏君、暴君、宦官、佞臣、不抵抗的将军，以及无耻地投降了民族敌人引狼入室的吴三桂之流”。① 反驳了围攻《甲申三百年祭》的观点。6 月 7 日，中共中央宣传部和中央军委政治部联合发出通知，要求全党“首先是高级领导同志，无论遇到何种有利形势与实际胜利，无论自己如何功在党国，德高望重，必须永远保持清醒与学习态度，万万不可冲昏头脑，忘其所以，重踏李自成与戈尔洛夫的复辙”。② 随后，各解放区陆续印发了单行本，并很快在海内外引起巨大的反响。在毛泽东号召下，延安和其他各敌后抗日根据地掀起了学习《甲申三百年祭》的高潮，延安文艺界还排演了有关李自成的戏剧，对干部群众进行立体形象的警示教育。

8 月下旬，周恩来托人给郭

①《解放日报》1944 年 4 月 18 日。

② 中共中央党校党史教研室选编：《中共党史参考资料》第 5 册，人民出版社 1979 年版，第 84 页。

沫若捎去延安出版的《甲申三百年祭》和史剧《屈原》的单行本。郭沫若收到后非常激动，当天即致函毛泽东、周恩来，感激他们的鼓励和鞭策。

11月21日，在党的扩大的六届七中全会总结党的历史经验期间，毛泽东复信郭沫若："你的《甲申三百年祭》，我们把它当作整风文件看待。小胜即骄傲，大胜更骄傲，一次又一次吃亏，如何避免此种毛病，实在值得注意。……我虽然兢兢业业，生怕出岔子，但说不定岔子从什么地方跑来；你看到了什么错误缺点，希望随时示知。你的史论、史剧有大益于中国人民，只嫌其少，不嫌其多，精神决不会白费的，希望继续努力。"① 毛泽东对学者的谦恭态度，对历史教训的敬畏精神跃然纸上。这就是以书信为媒介隔空交流的"甲申对"。

①《毛泽东文集》第3卷，人民出版社1996年版，第227页。

二、一面与中国革命现实相契合的明镜

当时，中共中央领导层的整风进行到深入讨论党的历史问题阶段，整风运动转入最后一个阶段——总结党的历史经验时期。这一时期，也是毛泽东就中国革命和党的建设进行理论思考与创建的关键阶段。毛泽东历来重视以史为鉴，而《甲申三百年祭》的问世和触及的问题恰好是一面与中国革命现实相契合的明镜，引发了毛泽东对党的前途命运的深思。

中国革命在某种程度上是无产阶级领导下的农民战争，同历史上的农民革命有许多相似之处。在即将到来的抗日战争胜利前夕，在国共两党行将展开一场关乎中国革命前途命运较量的重大历史关头，克服革命队伍中滋长的骄傲自满的思想情绪，是我们党领导人民夺取抗日战争的最后胜利，并使胜利果实不再被国民党反动派抢夺的必要思想准备和重要条件，是关系中国向何处去的大事。中国共产党人必须吸取李自成的历史

教训，避免重犯胜利时骄傲的错误。

“甲申对”后，《甲申三百年祭》一直被毛泽东和中共中央当作戒骄反腐的重要学习材料，着力避免全党“重犯胜利时骄傲的错误”，增强忧患意识。这对中国共产党吸取历史教训，提升党性修养，避免历史错误，发挥了极为重要的作用。因为当时我们党许多干部战士均是农民出身，与李自成农民军有许多相似之处。李自成农民军犯过的错误，我们党许多干部战士也可能犯。通过对《甲申三百年祭》的深入学习和警示教育，无疑让我们党从历史的明镜中汲取到极其有益的智慧，从而有助于避免重蹈覆辙。《甲申三百年祭》的内容已深深镌刻在我们党的记忆中，每到历史的关键节点，党的领导人就把李自成的教训提出来。在毛泽东的心目中，李自成是一个历史人物，也是一面镜子，这面镜子照着他领导中国革命和建设走向成功。李自成功败垂成的历史时常萦绕在毛泽东的脑海，成为他一生的鉴戒。关于李自成的书，他一读再读，常常思考其中的教训；关于李自成的戏，他看了又看，总能从中得到有益启发。

在解放战争即将取得全国胜利时，毛泽东在党的七届二中全会上提出“两个务必”的谆谆告诫。中共中央要离开河北西柏坡前往北平时，毛泽东坚定地表示，“我们决不当李自成”，并要求党政干部和解放军官兵进城前要观看京剧《闯王进京》。当时，中国共产党自身面临着全新的考验，这不仅关乎在新的任务面前要排除万难去学会新的本领，更重要的是在进入繁华城市、执掌全国政权、从事和平建设的新的历史条件下，党能不能保持同人民群众的血肉联系，继续保持实事求是、谦虚谨慎和艰苦奋斗的优良传统，不被权力、地位和资产阶级的糖衣炮弹所腐蚀。这是中国共产党执政后必须解决的问题。新中国成立后不久，中共中央作出开展反对贪污、反对浪费、反对官僚主义的斗争的决定，打响党在全国执政以后反对贪污腐化的初战。毛泽东决心通过“三反”斗争，克服和惩治党内已经滋生的腐败现象。“不当李自成”，或者说不学李自成，应当是《甲申三百年祭》史鉴主旨的一个基本观点，我们党主动将其融入自己的主张中，贯彻到自己的行动上，正是由于深入反思了历史，我们党才能正确面对成绩，直面问题，从而交出一份份满意的历史答卷。

80年前，由郭沫若撰写的《甲申三百年祭》在重庆《新华日报》上首发，由此引发朝野震动、国共交锋，进而启发了毛泽东，直至极大地影响了中国共产党的建设。毫无疑问，《甲申三百年祭》早已作为党的自身建设历史和反腐建设史上的一篇重要文献，成为“两个务必”重要思想的经典历史佐证和具有现实价值的精神财富。

三、一句永不过时的告诫

“甲申对”虽已过去80年，其传递的警示深意至今仍具有重要的时代意义和价值。一是如何在胜利面前保持清醒头脑；二是如何处理腐败与权力伴生的问题；三是如何对待老百姓。这些问题，任何时期的执政者都不容回避，必须面对。重温“甲申对”，我们必须牢记“决不当李自成”的告诫，增强防腐防变能力，涵养富贵不能淫、贫贱不能移、威武不能屈的浩然正气。

必须增强忧患意识，做到居安思危。习近平总书记指出：“我们的事业越前进、越发展，新情况新问题就会越多，面临的风险和挑战就会越多，面对的不可预料的事情就会越多。我们必须增强忧患意识，做到居安思危。”① 新征程上，世界之变、时代之变、历史之变正以前所未有的方式展开。我国发展进入战略机遇和风险挑战并存、不确定难预料因素增多的时期，各种“黑天鹅”“灰犀牛”事件随时可能发生。我们必须增强忧患意识，坚持底线思维，做到居安思危、未雨绸缪，准备经受风高浪急甚至惊涛骇浪的重大考验。中华民族伟大复兴绝不是轻轻松松、顺顺当当就

①《习近平著作选读》第1卷，人民出版社2023年版，第81页。

能实现的，我们越发展壮大，遇到的阻力和压力就会越大，面临的外部风险就会越多。增强忧患意识，做到居安思危，是我们治党治国必须始终坚持的一个重大原则。解决我国经济社会发展的突出矛盾和问题，需要我们付出长期艰苦的努力，不可能一蹴而就。我们必须增强忧患意识和风险意识，保持清醒头脑，增强工作前瞻性、进取性、创造性。既要打好防范和抵御风险的有准备之战，也要打好化险为夷、转危为机的战略主动战和攻坚战。

必须时刻警惕骄傲自满，避免“重犯胜利时骄傲的错误”。以史为鉴知兴亡，胜利面前勿骄傲。当今世界正经历百年未有之大变局，我国正处于实现中华民族伟大复兴的关键时期。昨天的成功并不代表着今后能够永远成功，过去的辉煌并不意味着未来可以永远辉煌。因此，党员干部丝毫不能滋长骄傲情绪，决不能在一片喝彩声、赞扬声中丧失革命精神和斗志，安于现状甚至不思进取、贪图享乐。船到中流浪更急，人到半山路更陡。必须勇挑时代重担，不忘初心、牢记使命，在顺境中不骄傲不自满，在逆境中不消沉不动摇，在风险挑战面前不屈服不退缩，敢于直面问题，不断解决问题、破解难题。必须埋头苦干、勇毅前行，以咬定青山不放松的执着，以行百里者半九十的清醒，为推进中华民族伟大复兴贡献智慧和力量。

必须预防并遏制腐败，防止权力滥用。物必自腐而后虫生。明朝之速亡、李自成之速败、吴三桂之速叛、清军之速胜，说到底是明朝和大顺腐败所致。腐败关系民心向背和政权存亡。腐败是我们党长期执政的最大威胁，我们党对反腐防腐一直有清醒的认识。特别是党的十八大以来，以习近平同志为核心的党中央以前所未有的勇气和定力推进党风廉政建设和反腐败斗争，刹住了一些多年未刹住的歪风邪气，纠治了一些多年未除的顽瘴痼疾，党风政风和社会风气为之一新。反腐败斗争取得压倒性胜利并全面巩固，但形势依然严峻复杂。我们对腐败的顽固性和危害性绝不能低估，必须将反腐败斗争进行到底。要提高一体推进不敢腐、不能腐、不想腐能力和水平，全面打赢反腐败攻坚战、持久战。必须健全权力运行制约和监督体系，“让人民监督权力，让权力在阳光下运行，用制度的笼子管住权力，用法治的缰绳驾驭权力”，保证人民赋予的权力始终用来为人民谋利益。

必须以人民为中心，坚持人民至上。得民心者得天下，失民心者失天下。无论是大明王朝还是大顺政权，其灭亡的根本原因在于失掉民心。如何对待老百姓及民心向背问题，从根本上事关政权的根本。我们党的根基在人民、血脉在人民、力量在人民，人民是党执政兴国的最大底气。民心是最大的政治，正义是最强的力量。我们党的最大政治优势是密切联系群众，党执政后的最大危险是脱离群众。只要坚持党的群众路线，始终牢记江山就是人民、人民就是江山，坚持一切为了人民、一切依靠人民，坚持为人民执政、靠人民执政，坚持发展为了人民、发展依靠人民、发展成果由人民共享，坚定不移走全体人民共同富裕的道路，就一定能夺取新时代中国特色社会主义新的更大胜利。

党的十八大以来，中国共产党领导的史无前例的反腐败斗争取得压倒性胜利并全面巩固。截至党的二十大召开之前，全国纪检监察机关共立案 464.8 万余件，其中，立案审查调查中管干部 553 人，处分厅局级干部 2.5 万多人、县处级干部 18.2 万多人。全面从严治党永远在路上，党的自我革命永远在路上，决不能有松劲歇脚、疲劳厌战的情绪，必须持之以恒推进全面从严治党，深入推进新时代党的建设新的伟大工程，以党的自我革命引领社会革命。

当年《甲申三百年祭》首见《新华日报》，饱蘸油墨芳香，一时风行天下。回望历史源头，站立时代潮头，我们要以踏石留印、抓铁有痕的坚韧和执着，打好党风廉政建设和反腐败斗争这场攻坚战、持久战。

『党史六对』之五

窑洞对

『跳出历史周期率』的第一个答案

1945 年 7 月——

黄炎培：

我生六十多年，耳闻的不说，
所亲眼看到的，
真所谓“其兴也浡焉”，“其亡也忽焉”，
一人，一家，一团体，一地方，乃至一国，
不少不少单位都没有能跳出
这周期率的支配力……

毛泽东：

我们已经找到新路，我们能跳出
这周期率。这条新路，就是民主。
只有让人民来监督政府，政府才不敢松懈。
只有人人起来负责，才不会人亡政息。

117

巍巍宝塔山，高耸冲霄；滚滚延河水，奔腾不息。

盛夏的延安，是一幅巨匠笔下的瑰丽画卷。古朴厚重的黄，革命历史的红，生态清新的绿交织在一起，那般浓烈，那般绚烂。循着古城西北方向，车行约 5 里，杨家岭革命旧址赫然在前。这里天蓝树绿，松柏挺拔，苍山凝翠，中央大礼堂雄姿屹立，鲜艳的党旗在礼堂顶端高高飘扬。

延安时期，杨家岭是毛泽东居住时间最长的地方。三孔土窑洞，守望神州大地；一盏煤油灯，照亮革命前程。群山深处的杨家岭，见证着一个政党的成熟与壮大，诉说着一代伟人的情怀与风采。如今，站在窑洞前方，时光仿佛在穿越，把人们带回到历史现场，亲耳聆听80年前那场彪炳百年党史的重要对谈。1945年，毛泽东与黄炎培围绕如何避免重蹈历史上治乱兴衰覆辙的现象进行了对谈。谈话中，毛泽东给出了“跳出历史周期率”的第一个答案，即人民民主监督，这就是党史上著名的“窑洞对”。

一、“窑洞对”提出“跳出历史周期率”的第一个答案

抗战后期，国民党统治区人民争取民主的斗争空前活跃。中国共产党提出“召集各党派代表会，成立联合政府，共同抗日将来建国”① 的主张，得到民主党派以及国内外各种支持中国力量的广泛支持。国共双方围绕建立民主联合政府展开谈判。但国民党坚持独裁立场，宣布1945年将召开“国民大会”，“颁布宪法”。这实际是蒋介石设置的一个政治骗局，是

① 中共中央党史研究室著:《中国共产党历史》第1卷（1921—1949）下册，中共党史出版社2011年版，第640页。

拒绝成立民主联合政府的挡箭牌。1945 年 4 月，当延安的山坡染上了一层斑驳的绿色时，中国共产党第七次全国代表大会，在青砖砌筑的大礼堂举行了。毛泽东在开幕词中说："我们这次大会是关系全中国四亿五千万人民命运的一次大会。中国之命运有两种：一种是有人已经写了书的；我们这个大会是代表另一种中国之命运，我们也要写一本书出来。"① 毛泽东要写的书，叫《论联合政府》，它深刻阐述了中国共产党建立联合政府的主张，否定国民党一党专政的政治制度，从而将中国一步一步引向光明。

为推动国共团结商谈，褚辅成、黄炎培、王云五、傅斯年、左舜生、章伯钧等商量赴延安"希望造出和谐空气来"②。1945 年 6 月 2 日，7 人致电毛泽东、周恩来，电报中说："团结问题之政治解决，久为国人所渴望。自商谈停顿，参政会同人深为焦虑。月前经辅成等一度集商，一致希望继续商

①《毛泽东选集》第 3 卷，人民出版社 1991 年版，第 1025 页。

② 黄炎培著：《八十年来》，文史资料出版社 1982 年版，第 111 页。

谈。”[①]18 日，毛泽东、周恩来复电，欢迎他们来延安商谈国是。7 月 1 日，黄炎培等 6 位国民参政员(王云五因病未能同行）乘飞机抵达延安，开展了为期 5 天的考察活动。

当时，延安对这次来访非常重视。由于几人的平均年龄高达 60 岁，负责接待的延安交际处“特地准备了适合老人清淡口味而又营养丰富的食品”，并考虑到延安早晚仍有些寒冷，“就集中了许多厚棉被褥，每张床上都铺垫了厚厚几层”。[②] 考察期间，他们不仅会见了毛泽东、周恩来、朱德、任弼时、张闻天等领导人，还同贺龙、陈毅、吕正操等将领畅谈。7 月 4 日，毛泽东将中共方面整理的《中共代表与褚辅成、黄炎培等六参政员延安会谈记录》交给褚辅成等，并对中共方面的建议作了说明。正式会谈到此结束，6 位参政员来延安要办的主要事情很圆满地完成了。

① 中共中央党史和文献研究院编:《毛泽东年谱》第 2 卷，中央文献出版社 2023 年版，第 609 页。

② 金城著:《延安交际处回忆录》，中国青年出版社 1986 年版，第 222 页。

此外,6 人此行的“副目的”[①] 是要参观延安。他们利用会谈以外的时间，阅读了《陕甘宁边区施政纲领》，会见了李鼎铭副主席以及其他部门负责人，分头参观了延安市容、供销合作社、延安大学、光华农场、日本工农学校等，还进行了访谈交流。延安上下一致、积极向上的精神面貌，给他们留下了深刻的印象。相比之下，国民党的统治日益腐败，连当时在蒋介石身边的高级幕僚唐纵在 1945 年 6 月底的日记中都承认：国民党“政治的腐化不但引起党外的反感，亦且失了党内的同情，如果没有显著的改革，全国人心将不可收拾”[②]。黄炎培在后来写成的《延安归来》一书中这样写道：延安“没有一寸土是荒着的，也没有一个人好像在闲荡”，“政府好像对每一个老百姓的生命和他的生活是负责的”，“个个人得投书街头的意见箱，也个个人得上书建议于主席毛泽东”。他在和延安的朋友杂谈中还感慨：“中共今天的局面，是从艰苦奋斗

① 金城著:《延安交际处回忆录》，中国青年出版社 1986 年版，第 230 页。

② 公安部档案馆编注:《在蒋介石身边八年——侍从室高级幕僚唐纵日记》，群众出版社 1991 年版，第 522 页。

中得来的。”“他们是进步的。他们在转变。”①

其间，毛泽东邀请黄炎培等人到家中做客，在窑洞中长谈了一个下午。毛泽东问黄炎培在延安考察了几天之后有什么感想。黄炎培坦率地说出了内心的真实想法：“我生六十多年，耳闻的不说，所亲眼看到的，真所谓‘其兴也浡焉’，‘其亡也忽焉’，一人，一家，一团体，一地方，乃至一国，不少不少单位都没有能跳出这周期率的支配力。大凡初时聚精会神，没有一事不用心，没有一人不卖力，也许那时艰难困苦，只有从万死中觅取一生。既而环境渐渐好转了，精神也就渐渐放下了。有的因为历时长久，自然地惰性发作，由少数演为多数，到风气养成，虽有大力，无法扭转，并且无法补救。也有为了区域一步步扩大了，它的扩大，有的出于自然发展，有的为功业欲所驱使，强求发展，到干部人才渐见竭蹶、艰于应付的时候，环境倒越加复杂起来了，控制力不免趋于

① 黄炎培著：《八十年来》，文史资料出版社1982年版，第128、139页。

薄弱了。一部历史，‘政怠宦成’的也有，‘人亡政息’的也有，‘求荣取辱’的也有。总之没有能跳出这周期率。中共诸君从过去到现在，我略略了解的了。就是希望找出一条新路，来跳出这周期率的支配。”

毛泽东听完略作沉思，回答说：“我们已经找到新路，我们能跳出这周期率。这条新路，就是民主。只有让人民来监督政府，政府才不敢松懈。只有人人起来负责，才不会人亡政息。”①

毛泽东之所以胸有成竹，就是因为他很早就在反复思考这个历史现象。他提出的“民主”，就是要让人民拥有广泛权利和自由，不只体现在民主选举环节，还体现在民主协商、民主决策、民主管理、民主监督等其他环节，让人民真正享有广泛充分、真实具体、有效管用的民主。“人人起来负责”，就是把担当作为一种责任，敢于负责、勇于担当，不负人民重托，凡是有利

① 黄炎培著：《八十年来》，文史资料出版社1982年版，第148—149页。

于党和人民的事，就要事不避难、义不逃责，大胆地干、坚决地干。这既是毛泽东对党局部执政经验的深刻总结，又是他对未来在全国范围执政的深远考虑。这是党对于如何跳出治乱兴衰的历史周期率给出的第一个答案。

黄炎培听了后深表赞许，他认为：这话是对的。只有大政方针决之于公众，个人功业欲才不会发生。只有把每一地方的事，公之于每一地方的人，才能使地地得人，人人得事。用民主来打破这周期率，怕是有效的。黄炎培之所以认同这个回答，是因为他在延安的所见、所闻、所感，已经证实了这个道理，“是距离我理想相当近的”。中国共产党“现时所走的路线，不求好听好看，切实寻觅民众的痛苦，寻觅实际知识，从事实际工作，这都是我们多年的主张”，“我认为中共朋友最可宝贵的精神，倒是不断地要好，不断地求进步，这种精神充分发挥出来，前途希望是无限的。”①

① 黄炎培著：《八十年来》，文史资料出版社1982年版，第149—150页。

7月5日，黄炎培等6人乘机返回重庆。返渝次日，黄炎培晚上召集中华职业教育社全体同人以及附近邻居好友，报告延安之行经过。他不顾劳累夜以继日地写作、整理在延安5天的经历、感受，只用半个多月就完成了《延安归来》书稿。据《黄炎培日记》记载，9日起，他开始撰写《延安五日记》《延安归来答客问》等，一直到8月初才最终完稿[①]，8月7日由国讯书店以《延安归来》为书名出版后，在重庆产生了很大的影响，对扭转国统区人民对中国共产党的印象发挥了重要作用。自此，“窑洞对”的故事为世人所熟知。

二、党结合新时代新实践提出“跳出历史周期率”的第二个答案

中国共产党百年奋斗历史，以人民民主的不断发展向历史交出了一份合格答卷。但中国共产党人并没有满足于此，而是以“不断地要好，不断地求进步”的精

① 黄炎培著，中国社会科学院近代史研究所整理：《黄炎培日记》第9卷（1945—1947），华文出版社2008年版，第59—65页。

神，继续探索如何更好地实现自我净化、自我完善、自我革新、自我提高，“跳出历史周期率”。

新民主主义革命时期，党通过领导人民创立工农兵代表苏维埃、参议会、各界人民代表会议等方式，探索人民民主的实现途径。党领导下的人民政权之所以“只见公仆不见官”，就是因为“公仆”时时刻刻在人民的监督之下。

新中国成立后，以毛泽东同志为主要代表的中国共产党人就在践行“窑洞对”中提出的走民主新路的探索。党领导确立了人民民主专政的国体和人民代表大会制度的政体；没收官僚资本主义企业成为全民所有的国营企业，进行民主改革，使工人阶级成为企业的主人；在广大新解放地区进行土地制度改革，使全国3亿无地少地农民获得了7亿亩土地，实现了耕者有其田，从而确保了人民群众当家作主。毛泽东认为，劳动者管理国家、管理军队、管理各种企业、管理文化教育的权利，实际上“这是社会主义制度下劳动者最大的权利，最根本的权利。没有这种权利，劳动者的工作权、休息权、受教育权等等权利，就没有保证。”① 人民拥有选举权和参加社会管理的权利，当然拥有对政府工作人员的监督权和批评权。没有监督，就打开了权力腐败的方便之门；没有批评和自我批评，就难以保持党员干部的昂扬斗志。所以，建立人民管理国家的政权，是打破周期率的重要条件。

改革开放和社会主义现代化建设新时期，以邓小平同志为主要代表的中国共产党人明确提出制度治党治国新思路，进行党和国家领导制度的改革，废除领导职务终身制，进一步探索具有中国特色的政治体制改革；以江泽民、胡锦涛同志为主要代表的中国共产党人，继续开拓治党及治国的民主政治道路。

党的十八大以来，中国特色社会主义进入新时代。历经百年风雨，中国共产党从小到大、由

①《毛泽东文集》第 8 卷，人民出版社 1999 年版，第 129 页。

弱变强，从建党之初的 50 多人到 2024 年 12 月底已拥有 10027.1 万名党员的执政党。“大就要有大的样子，同时大也有大的难处”。一个时期以来，党内政治生活中出现了一些突出的问题，个人主义、分散主义、自由主义、好人主义、宗派主义、山头主义、拜金主义不同程度存在，形式主义、官僚主义、享乐主义和奢靡之风问题突出，任人唯亲、跑官要官、买官卖官、拉票贿选现象屡禁不止，滥用权力、贪污受贿、腐化堕落、违法乱纪等现象滋生蔓延。这些问题，严重侵蚀党的思想道德基础，严重破坏党的团结和集中统一，严重损害党内政治生态和党的形象，严重影响党和人民事业发展。新时代，我们党以前所未有的勇气和定力全面从严治党，打了一套自我革命的“组合拳”，形成了一整套党自我净化、自我完善、自我革新、自我提高的制度规范体系。反腐败斗争形势取得压倒性胜利并全面巩固，但反腐败形势依然严峻复杂。

以习近平同志为核心的党中央反复思考“跳

出历史周期率”问题。党的二十大闭幕不过5天，2022年10月27日上午，习近平总书记带领新当选的二十届中共中央政治局常委来到了延安杨家岭。毛泽东旧居墙上这张到机场欢迎黄炎培一行的照片，吸引了众人目光。

早在2013年4月，习近平总书记在十八届中央政治局第五次集体学习时就提出“跳出历史周期率”的问题。2014年5月，在参加河南省兰考县委常委班子专题民主生活会时，习近平总书记提出“必须加强自我监督、自我净化能力，在体制机制层面加大监督力度”以及外部监督来“跳出历史周期率”。2015年5月，习近平总书记在中央统战工作会议上指出：“我常常提及毛泽东同志和黄炎培先生在延安的‘窑洞对’。当年‘窑洞对’的问题已经彻底解决了吗？恐怕还没有。”“如果把监督当成挑刺儿，或者当成摆设，就听不到真话、看不到真相，有了失误、犯了错误也浑然不知，那是十分危险的。”①

①《习近平关于坚持和完善党和国家监督体系论述摘编》，中央文献出版社、中国方正出版社2022年版，第10页。

2018年1月，在新进中央委员会的委员、候补委员和省部级主要领导干部学习贯彻习近平新时代中国特色社会主义思想和党的十九大精神研讨班上，习近平总书记再次告诫全党："我经常讲到历史周期率问题，这的确是我国历史上封建王朝摆脱不了的宿命。""我们党和国家的性质宗旨同封建王朝、农民起义军有着本质区别，不可简单类比，但以史为鉴可以知兴替。功成名就时做到居安思危、保持创业初期那种励精图治的精神状态不容易，执掌政权后做到节俭内敛、敬终如始不容易，承平时期严以治吏、防腐戒奢不容易，重大变革关头顺乎潮流、顺应民心不容易。"他强调："只要马克思主义执政党不出问题，社会主义国家就出不了大问题，我们就能够跳出'其兴也勃焉，其亡也忽焉'的历史周期率。"①

经过百年奋斗特别是党的十八大以来新的实践，以习近平同志为核心的党中央在党的十九届六中全

①《习近平著作选读》第2卷，人民出版社2023年版，第102—104页。

会上，在第三个历史决议即将出炉之际，给出了“如何跳出治乱兴衰的历史周期率”的第二个答案：自我革命。2021年11月，党的十九届六中全会通过的《中共中央关于党的百年奋斗重大成就和历史经验的决议》，将坚持自我革命总结为党百年奋斗的10条历史经验之一，充分彰显了一个伟大马克思主义政党的政治清醒和时代自觉。《决议》指出：“先进的马克思主义政党不是天生的，而是在不断自我革命中淬炼而成的。党历经百年沧桑更加充满活力，其奥秘就在于始终坚持真理、修正错误。党的伟大不在于不犯错误，而在于从不讳疾忌医，积极开展批评和自我批评，敢于直面问题，勇于自我革命。”[①] 只要我们不断清除一切损害党的先进性和纯洁性的因素，不断清除一切侵蚀党的健康肌体的病毒，就一定能够确保党在新时代坚持和发展中国特色社会主义的历史进程中始终成为坚强领导核心，避免重蹈历史上治乱兴衰的覆辙。

①《十九大以来重要文献选编》下，中央文献出版社2023年版，第537页。

三、勇于自我革命是中国共产党区别于其他政党的显著标志

“为政者，莫善于清其吏也。”勇于自我革命是党百年奋斗培育的鲜明品格。党深刻认识到，反腐败斗争关系民心这个最大的政治，是一场输不起也决不能输的重大政治斗争。勇于自我革命是中国共产党区别于其他政党的显著标志，“关乎我们能不能跳出历史周期率”。自我革命的核心要义是勇于修正错误和防止错误再犯的统一、反腐败斗争和党的各方面建设的统一、对党的要求和对党员的要求的统一、伟大自我革命和伟大社会革命的统一。我们党的伟大不在于不犯错误，而在于从不讳疾忌医，敢于直面问题，勇于自我革命，具有极强的自我修复能力。

自我革命是我们党继承和发展马克思主义建党学说，在管党治党实践中形成的思想成果。2022 年 1 月，在十九届中央纪委六次全会上的

重要讲话中，习近平总书记对此作出进一步阐释，指出：全面从严治党的伟大实践，“探索出依靠党的自我革命跳出历史周期率的成功路径”，并概括出“六个必须”的基本路径、“九个坚持”的主要经验。

具体来讲，“六个必须”的基本路径是必须坚持以党的政治建设为统领，坚守自我革命根本政治方向；必须坚持把思想建设作为党的基础性建设，淬炼自我革命锐利思想武器；必须坚决落实中央八项规定精神、以严明纪律整饬作风，丰富自我革命有效途径；必须坚持以雷霆之势反腐惩恶，打好自我革命攻坚战、持久战；必须坚持增强党组织政治功能和组织力凝聚力，锻造敢于善于斗争、勇于自我革命的干部队伍；必须坚持构建自我净化、自我完善、自我革新、自我提高的制度规范体系，为推进伟大自我革命提供制度保障。这“六个必须”，深刻阐明了新时代党的自我革命的政治方向、科学内涵、实践要求、方法路径，是党的自我革命的重要思想成果，为我们在新的伟大征程上始终坚持自我革命、坚持不懈把全面从严治党向纵深推进指明了前进方向、明确了基本要求，必须长期坚持、全面贯彻。

“九个坚持”的主要经验是坚持党中央集中统一领导，坚持党要管党、全面从严治党，坚持以党的政治建设为统领，坚持严的主基调不动摇，坚持发扬钉钉子精神加强作风建设，坚持以零容忍态度惩治腐败，坚持纠正一切损害群众利益的腐败和不正之风，坚持抓住“关键少数”以上率下，坚持完善党和国家监督制度，形成全面覆盖、常态长效的监督合力。这“九个坚持”，是对建设长期执政的马克思主义政党的规律性认识深化和理论创新的重大成果，是习近平新时代中国特色社会主义思想的重要组成部分，为确保党在新时代坚持和发展中国特色社会主义的历史进程中始终成为坚强领导核心指明了前进方向、提供了根本遵循。

四、从人民民主监督到自我革命的现实启示

党的二十届三中全会作出《中共中央关于进一步全面深化改革、推进中国式现代化的决定》。《决定》指出："发展全过程人民民主是中国式现代化的本质要求"，必须"把人民当家作主具体、现实体现到国家政治生活和社会生活各方面"。同时，《决定》还对提高党对进一步全面深化改革、推进中国式现代化的领导水平提出了具体要求，明确要"保持以党的自我革命引领社会革命的高度自觉，坚持用改革精神和严的标准管党治党，完善党的自我革命制度规范体系"。

我们党历经百年、成就辉煌，党内党外、国内国外赞扬声很多。越是这样越要求我们始终保持清醒头脑，不能在一片喝彩声中迷失自我。2025 年 1 月，习近平总书记在二十届中央纪委四次全会上强调："腐败是我们党面临的最大威胁，反腐败是最彻底的自我革命。进入新时代，面对党内党风廉政建设和反腐败斗争的突出问

题，我们坚持有腐必反、有贪必肃，不断纯洁干部队伍，维护了党的形象，巩固了红色江山，赢得了确保党不变质、不变色、不变味的历史主动，赢得了党团结带领全体人民为强国建设、民族复兴伟业共同奋斗的历史主动。”① 深刻理解习近平总书记的这段讲话，“窑洞对”可以提供重要启示。

必须坚定不移推进全过程人民民主。民主是全人类的共同价值，是中国共产党和中国人民始终不渝坚持的重要理念，实现和发扬人民民主贯穿党百年奋斗的全过程。发展全过程人民民主是中国式现代化的本质要求之一。全过程人民民主把人民当家作主具体地、现实地体现到党治国理政的措施上来，体现到党和国家机关各个方面、各个层级工作上来，体现到实现人民对美好生活向往的工作上来，体现鲜明中国特色，是中国共产党带领中国人民对民主理论和实践作出的积极探索和重大贡献。我们要在以习近平同志为核心的党中央坚强领

①《人民日报》2025年1月7日。

导下，毫不动摇坚持、与时俱进完善我国根本政治制度、基本政治制度、重要政治制度，进一步提高全过程人民民主制度化、规范化、程序化水平，更好把制度优势转化为治理效能，全面推进国家治理体系和治理能力现代化。

必须大力弘扬勇于担当精神。勇于担当，敢于斗争是我们党与生俱来的风骨与品格。担当和斗争是一种精神，最需要的是无私的品格和无畏的勇气。无私者无畏，无畏者才能担当、能斗争；担当和斗争是一种责任，敢于负责才叫真担当、真斗争；担当和斗争是一种格局，坚持局部服从全局、自觉为大局担当更为可贵。中国共产党勇于担当、敢于斗争，根本在于党除了人民的利益，没有任何自己的私利。党的干部要以对党忠诚、为党分忧、为党尽职、为民造福的政治担当，以守土有责、守土负责、守土尽责的责任担当，面对大是大非敢于亮剑，面对矛盾敢于迎难而上，面对危机敢于挺身而出，面对失误敢于承担责任，面对歪风邪气敢于坚决斗争。我们要始终坚持党的原则第一、党的事业第一、人民利益第一，不被私心杂念所扰，不为名利得失所累，担起应该担的责任，以宽广的胸襟谋事、干事、担事。

必须正确把握自我革命和人民监督的辩证关系。自我革命和人民监督，是我们党百年长盛不衰、风华正茂的奥秘所在。勇于自我革命和接受人民监督是内在一致的，都源于党的初心使命。一百年来，党外靠发展人民民主、接受人民监督，内靠全面从严治党、推进自我革命，勇于坚持真理、修正错误，勇于刀刃向内、刮骨疗毒，保证了党长盛不衰、不断发展壮大。这两个“跳出历史周期率”的答案，都建立在马克思主义唯物史观的理论基础上，都是为了人民幸福和民族复兴，其成效都要由人民群众来评判。自我革命和人民监督相辅相成、相得益彰，是我们党跳出历史周期率的一体两翼，需要统筹把握、系统推进。我们只有坚持党的全面领导、坚持以党的创新理论为指引、站稳人民立场、坚持问题导向，不断拓展自我革命和人民监督的方法路径，以自我革命和人民监督相结合形成强大合力，才能实现党长期执政、国家长治久安、人民安居乐业。

必须不断完善党的自我革命制度规范体系。健全全面从严治党体系，是党的二十大提出的加强新时代党的建设的重大举措。全面从严治党体系应是一个内涵丰富、功能完备、科学规范、运行高效的动态系统。我们必须坚持构建自我净化、自我完善、自我革新、自我提高的制度规范体系，为推进伟大自我革命提供制度保障。坚持制度治党、依规治党，以党章为根本，以民主集中制为核心，完善党内法规制度体系，增强党内法规权威性和执行力，形成坚持真理、修正错误，发现问题、纠正偏差的机制。健全党统一领导、全面覆盖、权威高效的监督体系，完善权力监督制约机制，以党内监督为主导，促进各类监督贯通协调，让权力在阳光下运行。推进政治监督具体化、精准化、常态化，增强对“一把手”和领导班子监督实效。发挥政治巡视利剑作用，加强巡视整改和成果运用。落实全面从严治党政治责任，用好问责利器。要紧扣新时代党的建设总要求，坚持内容上全涵盖、对象上全覆盖、责任上全链条、制度上全贯通，坚持制度治党、依规治党，不断完善党的自我革命制度规范体系，进一步形成依靠党的自身力量发现问题、纠正偏差、推动创新、实现执政能力整体性提升的良性循环。

山河为证，岁月为名。从石库门到天安门，从兴业路到复兴路，从小小红船到巍巍巨轮，深山朗月下、如豆灯火中的几孔窑洞在百年党史上留下了不可磨灭的光辉印记。那里的一砖一石、一门一窗、一桌一椅，铭刻着永不褪色的“窑洞记忆”。站在新的历史起点上，重温“窑洞对”，回答好“窑洞之问”，我们必须牢记“治天下者先治己”的古训，坚持打铁必须自身硬，不忘初心使命，加强民主监督，勇于自我革命，确保党不变质、不变色、不变味。

『党史六对』之六

赶考对

时代是出卷人，我们是答卷人，人民是阅卷人

1949 年 3 月 23 日——

毛泽东：

今天是进京的日子，不睡觉也高兴啊。

今天是进京“赶考”嘛。

进京“赶考”去，精神不好怎么行呀？

周恩来：

我们应当都能考试及格，不要退回来。

毛泽东：

退回去就失败了。

我们决不当李自成，我们都希望考个好成绩。

太行东麓、滹沱河畔，群山环抱中静卧着一座红色名村——西柏坡。冬去春来，万物复苏。3月的西柏坡生机勃勃，一排排土墙灰瓦的民居比肩而立、错落有致，铺展出一幅“诗和远方”的美丽画卷。

向历史深处回眸，总有一些地标让人注目。70多年前，西柏坡这个曾经名不见经传的小山村，因为一段壮阔的历史而声名远播，“三大战役”在这里指挥，“两个务必”在这里诞生，新中国从这里走来。斗转星移，时序更迭。如今，重访西柏坡，仰望西柏坡，感受历史与现实的交响，那场关于“进京赶考”的对话穿越时光旅程，愈发引人深思。

一、毛泽东和周恩来的“赶考对”

时间的列车行进到 1949 年，决定中国两种前途命运的战略决战进入历史转折关头，这是中国革命夺取全国性胜利的前夜。经过 28 个年头的浴血奋战，国民党政权行将覆灭，党领导人民夺取新民主主义革命的伟大胜利曙光在前，一个新的人民当家作主的政权即将诞生。

这年的春天，在各地担负重任的中共中央委员和候补委员们陆续赶来西柏坡。多年未见的战友，在胜利即将到来的时刻相聚，别是一番景象。中共中央大院里，兴奋的气息如江潮般涌动着。

3 月 5 日下午 3 点，身穿厚厚粗布棉衣的毛泽东和他的战友们，迈着自信的脚步，走进为七届二中全会临时布置的会场。参加这次中央全会的有 34 位中央委员，19 位候补委员。

全会讨论了党的工作重心由乡村转移到城市的问题，规定了党在全国胜利后在政治、经济、外交方面应当采取的基本政策，指出了中国由农业国转变为工业国、由新民主主义社会转变到社会主义社会的发展方向。

会前最让毛泽东和中共中央担忧的是，中国共产党工作重心转移到城市后，面对城市的灯红酒绿，党的干部会不会腐化，能不能经受考验。此前，在城市接管中出现过种种不合时宜的现象：机关团体和部队“在城市中占领与争夺公共房屋和家具”，一个小机关“占据极大极多的房屋”，干部则“擅自在城市的公共房屋中设立私人的公馆，取用家具，或以家具赠人，搬入乡村”。[①] 对此，在党的七届二中全会上，毛泽东语重心长地告诫全党，“因为胜利，党内的骄傲情绪，以功臣自居的情绪，停顿起来不求进步的情绪，贪图享乐不愿再过艰苦生活的情绪，可能生长。因为胜利，人民感谢我

① 中共中央文献研究室、中央档案馆编：《建党以来重要文献选编（1921—1949）》第25册，中央文献出版社2011年版，第736页。

们，资产阶级也会出来捧场。敌人的武力是不能征服我们的，这点已经得到证明了。资产阶级的捧场则可能征服我们队伍中的意志薄弱者。”①

“可能有这样一些共产党人，他们是不曾被拿枪的敌人征服过的，他们在这些敌人面前不愧英雄的称号；但是经不起人们用糖衣裹着的炮弹的攻击，他们在糖弹面前要打败仗。”② 他告诫说，“夺取全国胜利，这只是万里长征走完了第一步”，“务必使同志们继续地保持谦虚、谨慎、不骄、不躁的作风，务必使同志们继续地保持艰苦奋斗的作风。”③

为此，毛泽东在党的七届二中全会上特别提到关于党委会的12条工作方法的问题（后来，这次讲话的一部分以《党委会的工作方法》为题编入《毛泽东选集》第4卷）。在第11条方法中，毛泽东提到禁止祝寿的问题。他说：“力

①《毛泽东选集》第4卷，人民出版社1991年版，第1438页。
②《毛泽东选集》第4卷，人民出版社1991年版，第1438页。
③《毛泽东选集》第4卷，人民出版社1991年版，第1438—1439页。

戒骄傲。这对领导者是一个原则问题，也是保持团结的一个重要条件。就是没有犯过大错误，而且工作有了很大成绩的人，也不要骄傲。禁止给党的领导者祝寿，禁止用党的领导者的名字作地名、街名和企业的名字，保持艰苦奋斗作风，制止歌功颂德现象。”① 全会根据毛泽东的提议，作出禁止给党的领导人祝寿，禁止用党的领导者的名字作为地名和街名，不要把中国同志同马克思、恩格斯、列宁、斯大林并列等重要规定。

带着“两个务必”的清醒和谨慎，1949 年 3 月 23 日，毛泽东率领中共中央机关从西柏坡出发，踏上了“进京赶考”之路。

在准备出发时，毛泽东对周围的人说：同志们，我们就要进北平了。我们进北平，可不是李自成进北平，他们进了北平就变了。我们共产党人进北平，是要继续革命，建设社会主义，直到实现共产主义。

①《毛泽东选集》第 4 卷，人民出版社 1991 年版，第 1443 页。

出发前一天的晚上，毛泽东只睡了四五个小时。出发时，毛泽东兴奋地对周恩来说："今天是进京的日子，不睡觉也高兴啊。今天是进京'赶考'嘛。进京'赶考'去，精神不好怎么行呀？"周恩来笑着说："我们应当都能考试及格，不要退回来。"毛泽东说："退回去就失败了。我们决不当李自成，我们都希望考个好成绩。"①

这就是人们熟知的"赶考对"。

这是中国共产党人独有的高瞻远瞩。

此前，抗战即将胜利的1944年3月，郭沫若在重庆《新华日报》连续4天发表《甲申三百年祭》，阐述明末农民起义领袖李自成率军攻下京城建立政权后，由于首领腐化、宗派斗争，又走向了失败的过程。这篇论著让远在延安的毛泽东颇为赞赏。他在回信中给郭沫若说："你的《甲申三百年祭》，我们把它当作整风文件看

① 中共中央文献研究室编：《毛泽东传》（二），中央文献出版社2013年版，第932—933页。

待。小胜即骄傲，大胜更骄傲，一次又一次吃亏，如何避免此种毛病，实在值得注意。”①

同时，毛泽东反思中国共产党的历史，指出党的历史上有过 4 次大的骄傲，也导致了 4 次大的失败。

“第一次是在一九二七年上半年。那时北伐军到了武汉，一些同志骄傲起来，自以为了不得，忘记了国民党将要袭击我们。结果犯了陈独秀路线的错误，使这次革命归于失败。”

“第二次是在一九三〇年。红军利用蒋冯阎大战的条件，打了一些胜仗，又有一些同志骄傲起来，自以为了不得。结果犯了李立三路线的错误，也使革命力量遭到一些损失。”

“第三次是在一九三一年。红军打破了第三次‘围剿’，接着全国人民在日本进攻面前发动了轰轰

①《毛泽东文集》第 3 卷，人民出版社 1996 年版，第 227 页。

烈烈的抗日运动，又有一些同志骄傲起来，自以为了不得。结果犯了更严重的路线错误，使辛苦地聚集起来的革命力量损失了百分之九十左右。”

“第四次是在一九三八年。抗战起来了，统一战线建立了，又有一些同志骄傲起来，自以为了不得，结果犯了和陈独秀路线有某些相似的错误。这一次，又使得受这些同志的错误思想影响最大的那些地方的革命工作，遭到了很大的损失。”①

毛泽东说，“全党同志对于这几次骄傲，几次错误，都要引为鉴戒。”“不要重犯胜利时骄傲的错误。”②

二、“三反”运动后中国共产党交出优异答卷

1949年10月1日，毛泽东在天安门城楼上庄严宣告中华人民

①《毛泽东选集》第3卷，人民出版社1991年版，第947—948页。
②《毛泽东选集》第3卷，人民出版社1991年版，第948页。

共和国中央人民政府成立。在意气风发中，中国共产党领导中国人民继续完成新民主主义革命遗留的任务，巩固新生的人民政权，医治战争的创伤，恢复国民经济和进行各项建设。

在蓬勃开展的事业中，以毛泽东同志为主要代表的中国共产党人始终过着简朴的生活，从不搞特殊。他们严格要求自己的同时，也严格要求着亲友们。毛泽东陆续接待了一些来自家乡的亲友。来的时候，热情款待；走的时候，常常给一些钱。这些招待和接济亲友的钱，照例由毛泽东的工资、稿费支付。他还时常收到家乡亲友的一些来信，有的是要求安排工作的，有的是要求来北京学习的。他一概婉言回绝。① 在毛泽东的严格要求和教育下，他的许多亲友安心在家乡工作和务农。

但是，面对城市的灯红酒绿和资产阶级的糖衣炮弹，另一些党员和干部贪污、浪费、官僚主义的行

① 中共中央文献研究室编：《毛泽东传》（三），中央文献出版社2013年版，第1181页。

为却悄悄滋长、蔓延，冒出一些大大小小的“李自成”式的人物。

1951年11月，东北局向中共中央报告说：沈阳市在部分单位揭发出3629人有贪污行为，东北贸易部仅检举和坦白的金额就达5亿元人民币（旧币，下同）；浪费现象和官僚主义也很严重，仅东北铁路系统就积压了价值上千亿元的材料而不作处理。① 东北，作为全国各方面工作开展比较早、比较好地区之一，暴露出如此多的问题。毛泽东深感问题严重。

其他各中央局陆续也有类似的情况向中央报告。

为此，1951年12月1日，中共中央作出《关于实行精兵简政、增产节约、反对贪污、反对浪费和反对官僚主义的决定》，指出：“自从我们占领城市两年至三年以来，严重

① 薄一波著:《若干重大决策与事件的回顾》（修订本）上卷，人民出版社1997年版，第145—146页。

的贪污案件不断发生，证明一九四九年春季党的二中全会严重地指出资产阶级对党的侵蚀的必然性和为防止及克服此种巨大危险的必要性，是完全正确的。现在是全党动员切实执行这项决议的紧要时机了。再不切实执行这项决议，我们就会犯大错误。”①

《决定》强调：“现在必须向全党提出警告：一切从事国家工作、党务工作和人民团体工作的党员，利用职权实行贪污和实行浪费，都是严重的犯罪行为。”“一切贪污行为必须揭发，按其情节轻重，给以程度不等的处理，从警告、调职、撤职、开除党籍、判处各种徒刑直至枪决。典型的贪污犯，必须动员群众进行公审，依法治罪。”②

中共中央决定，在党的领导下，分党政军3个系统成立各级增产节约检查委员会，由首长负责，

① 中央档案馆、中共中央文献研究室编：《中共中央文件选集（1949年10月—1966年5月）》第7册，人民出版社2013年版，第305页。

② 中央档案馆、中共中央文献研究室编：《中共中央文件选集（1949年10月—1966年5月）》第7册，人民出版社2013年版，第305页。

亲自动手，采取自上而下和自下而上相结合的方法，检查贪污浪费现象，开展这场斗争。①从此，以反贪污、反浪费、反官僚主义为内容的“三反”运动在全国以雷霆万钧之势迅速展开。

在大大小小的“李自成”式人物中，刘青山、张子善可谓是突出代表。作为党的高级干部，华北天津地委前书记刘青山 1931 年入党，华北天津地委现书记张子善 1933 年入党。两人经历了土地革命战争、抗日战争和解放战争的严峻考验，在不同领导岗位出生入死，为新中国的诞生作出了贡献。但是，进城后，他们不顾党纪国法、人民疾苦，贪污腐化。华北局在给中共中央的报告中说：刘青山、张子善总计贪污挪用公款 200 亿元（旧币）左右投入地委机关生产，作投机倒把的违法活动。刘、张日常生活铺张浪费，任意挥霍。②同时向中央建议将两人逮捕法办。

① 中共中央党史研究室著:《中国共产党历史》第 2 卷（1949—1978）上册，中共党史出版社 2011 年版，第 160 页。

② 中共中央党史和文献研究院编:《毛泽东年谱》第 4 卷，中央文献出版社 2023 年版，第 425—426 页。

对此，毛泽东感到非常震惊。他说：刘青山及张子善“均是大贪污犯，已经华北局发现，并着手处理，我们认为华北局的方针是正确的”，“这件事给中央、中央局、分局、省市区党委提出了警告，必须严重地注意干部被资产阶级腐蚀发生严重贪污行为这一事实，注意发现、揭露和惩处，并须当作一场大斗争来处理。”①

1951 年 12 月 29 日，中共中央书记处召开扩大会议，研究处理刘青山、张子善意见。经慎重考虑，并征求党外人士意见，中央决定同意河北省委的建议，对刘、张判处死刑，立即执行。有人提出是否可以不枪毙刘、张两人，给他们一个改过的机会。毛泽东坚决不同意，要求严惩刘青山、张子善，他说：“正因为他们两人的地位高，功劳大，影响大，所以才要下决心处决他们。只有处决他们，才可能挽救 20 个，200 个，2000 个，20000 个犯有各种不同程度错误的

① 中共中央党史和文献研究院编：《毛泽东年谱》第 4 卷，中央文献出版社 2023 年版，第 425 页。

干部。”①

毛泽东对产生刘青山、张子善式的人物保持着高度警惕。他强调：“凡属大批地用钱管物的机关，不论是党、政、军、民、学哪一系统，必定有大批的贪污犯，而且必定有大贪污犯（大老虎）。有些人以为党的机关，宣传和文化教育机关，民众团体，用钱不多，必无大老虎，这是不正确的。”“早几天还以为中央文教机关一个老虎也没有，经过最近两天的寻找研究，就发现至少可以捉到十五个贪污一亿元以上的大老虎。因此，请你们注意，在每一部门、每一地区三反斗争激烈展开之后，就要将同志们的注意力引向搜寻大老虎，穷追务获，不要停留，不要松劲，不要满足于已得成绩。”②他甚至提出，“将全部应有的而不是无中生有的老虎通通捉干净，否则运动结束，势必留下大批暗藏的老虎遗祸将来。”③

① 薄一波著：《若干重大决策与事件的回顾》（修订本）上卷，人民出版社1997年版，第157—158页。

② 中共中央党史和文献研究院编：《建国以来毛泽东文稿》第6册，中央文献出版社2023年版，第28页。

③ 中共中央文献研究室编：《毛泽东传》（三），中央文献出版社2013年版，第1175页。

经最高人民法院核准，刘青山、张子善被执行死刑。1952 年 2 月，河北省举行对刘青山、张子善的公判大会。这是新中国成立后，首次对中国共产党的领导人贪污腐败行为所进行的严厉判决。公判大会震动了全中国，引起了强烈反响。它向全国人民表明，中国共产党绝不当李自成，绝不容忍利用执政党地位谋取私利的腐败现象，贪污腐败分子一经发现，不管资格多老、职务多高，一律严惩不贷，在人民中间树立起秉公执法、严惩腐败的形象。① 这种作用，恰如邓小平后来所说："一九五二年杀了两个人，一个刘青山，一个张子善，起了很大的作用。"②

随着"三反"运动的进行，党政军机关所从事的生产事业暴露出严重问题。上述生产事业诞生于革命战争年代，由根据地党政军民机关作为主体从事生产经营。它们在当时的历史条件下对保障供给、克服财经困难起过一定的积极作用。

① 中共中央党史和文献研究院著：《中国共产党的一百年》（社会主义革命和建设时期），中共党史出版社 2022 年版，第 402 页。

②《邓小平文选》第 3 卷，人民出版社 1993 年版，第 153 页。

但在全国胜利后，上述需要已经逐渐减少，它们存在的条件已不具备。同时它们生产的分散和盲目性与国家经济的集中和计划性已不相合。在此情况下，一些生产事业工作人员受剥削阶级思想的影响沉溺于追逐利润、贪图享受，产生严重的贪污、浪费等现象。针对这一情况，经中共中央批准，1952 年 3 月，政务院发布《关于统一处理机关生产的决定》，决定结束机关生产。

按照《决定》办法，所有各级人民政府、人民解放军、学校、党派、人民团体及其所属各部门、各单位所经营的工业、农业、商业、建筑业、交通运输业等机关企业，除经批准经营的某些生产事业外，一律由中央、大行政区、省（市）、专区、县各级人民政府，组织机关生产处理委员会予以登记和清理；一切机关生产的企业投资，不论其来源如何，均应听候统一处理；一切机关生产的收入，一律不准提取，违者定予严惩。[①] 随着决定的发布和实行，党

① 中共中央文献研究室编:《建国以来重要文献选编》第 3 册，中央文献出版社 2011 年版，第 81—84 页。

政军机关以权谋利、侵蚀干部队伍等弊病产生的根源得到根本杜绝，“三反”运动在克服党政部门自身的缺点方面取得重要成果。

1952年10月，“三反”运动结束。据统计，全国县以上党政机关贪污千元（新币）以上者计10.8万人，为参加“三反”运动总人数的2.8%。其中，以中小贪污人员为绝大多数，受行政处分的占20.8%，免受处分的占75.56%；贪污万元以上受到刑事处理的大贪污分子占3.64%，其中，被判处有期徒刑的9942人，无期徒刑的67人，死刑立即执行的42人，死刑缓期执行的9人。[①] 对此，《中国共产党的一百年》这样评价说：作为中国共产党执政后惩治腐败的第一战，“三反”运动对抵制旧社会的恶习和资产阶级腐朽思想的侵蚀，形成清正廉洁的党风政风和健康的社会风气，起了很大作用。[②] 此后30年，党的干部队伍很少出

① 中共中央党史研究室著：《中国共产党历史》第2卷（1949—1978）上册，中共党史出版社2011年版，第162页。

② 中共中央党史和文献研究院著：《中国共产党的一百年》（社会主义革命和建设时期），中共党史出版社2022年版，第403页。

现重大贪污案件。

全国人民从“三反”运动中，认识到中国共产党是大公无私、全心全意为人民服务的党，是有严格组织纪律、有坚强战斗力的党，这进一步提高了党的威信。

三、一路走来，中国共产党始终保持“赶考”的清醒

中国共产党始终保持着从西柏坡走来时的清醒。

1956年9月，在党的八大上，邓小平作《关于修改党的章程》的报告。他说：“执政党的地位，使我们党面临着新的考验。”“执政党的地位，很容易使我们同志沾染上官僚主义的习气。脱离实际和脱离群众的危险，对于党的组织和党员来说，不是比过去减少而是比过去增加了。而脱离实际和脱离群众的结果，必然发展主观

主义，即教条主义和经验主义的错误，这种错误在我们党内也不是比前几年减少而是比前几年增加了。”①

1957 年 2 月，在最高国务会议第十一次（扩大）会议上，毛泽东作《关于正确处理人民内部矛盾的问题》讲话。他说：“要使全体干部和全体人民经常想到我国是一个社会主义的大国，但又是一个经济落后的穷国，这是一个很大的矛盾。要使我国富强起来，需要几十年艰苦奋斗的时间，其中包括执行厉行节约、反对浪费这样一个勤俭建国的方针。”②

2013 年 7 月，习近平总书记到西柏坡进行调研。他说，毛泽东同志在党的七届二中全会上向全党郑重提出“两个务必”，是经过了深入思考的。这里面，包含着对我国几千年历史上治乱规律的深刻借鉴，包含着对我们党艰苦奋斗历程的深刻总结，包含着对胜利

①《邓小平文选》第 1 卷，人民出版社 1994 年版，第 214 页。

②《毛泽东文集》第 7 卷，人民出版社 1999 年版，第 240 页。

了的政党永葆先进性和纯洁性、对即将诞生的人民政权实现长治久安的深刻忧思，也包含着对我们党坚持全心全意为人民服务根本宗旨的深刻认识，思想意义和历史意义十分深远。①

“三反”运动后，党始终秉持强烈的赶考意识，团结带领人民阔步人间正道、勃发青春朝气，向人民、向历史交出一份份优异的答卷。包括而不限于：

我们进行社会主义革命，消灭在中国延续几千年的封建剥削压迫制度，确立社会主义基本制度，实现了中华民族有史以来最为广泛而深刻的社会变革，为实现中华民族伟大复兴奠定了根本政治前提和制度基础。

我们实现新中国成立以来党的历史上具有深远意义的伟大转折，确立党在社会主义初级阶段的基本路线，实现了人民生活从温饱不足到总体小康、奔向全面小康

①《人民日报》2013年7月14日。

的历史性跨越，为实现中华民族伟大复兴提供了充满新的活力的体制保证和快速发展的物质条件。

我们坚持和加强党的全面领导，统筹推进“五位一体”总体布局、协调推进“四个全面”战略布局，坚持和完善中国特色社会主义制度，推进国家治理体系和治理能力现代化，坚持依规治党、形成比较完善的党内法规体系，实现第一个百年奋斗目标，明确实现第二个百年奋斗目标的战略安排，为实现中华民族伟大复兴提供了更为完善的制度保证、更为坚实的物质基础、更为主动的精神力量。

经过持续奋斗，中华民族迎来了从站起来、富起来到强起来的伟大飞跃，实现中华民族伟大复兴进入了不可逆转的历史进程！这期间，我们党发展成为具有重大全球影响力的世界第一大执政党。

2021 年，习近平总书记在庆祝中国共产党成立 100 周年大会上讲话郑重指出："过去一百年，中国共产党向人民、向历史交出了一份优异的答卷。"① 这 100 年来，党团结带领人民开辟的伟大道路、创造的伟大事业、取得的伟大成就，必将载入中华民族发展史册、人类文明发展史册！

四、"赶考对"的现实启示

历史川流不息，时代考卷常新。习近平总书记指出："我们是革命者，不要丧失了革命精神。昨天的成功并不代表着今后能够永远成功，过去的辉煌并不意味着未来可以永远辉煌。时代是出卷人，我们是答卷人，人民是阅卷人。"②

保持赶考心态，随时准备迎接新的考试。我们党在百年奋斗历程

① 习近平：《在庆祝中国共产党成立 100 周年大会上的讲话》（2021 年 7 月 1 日），人民出版社 2021 年版，第 22 页。

②《习近平谈治国理政》第 3 卷，外文出版社 2020 年版，第 70 页。

中取得优异成绩，赢得人民衷心拥戴和广泛支持，获得国际友好人士的盛赞，但必须警惕“烈火烹油、鲜花着锦之盛”，清醒认识到我们的事业成功都是经过艰辛探索、艰苦奋斗取得的。同时，想一帆风顺推进我们的事业，想顺顺当当实现我们的奋斗目标，那是不可能的。在今后的前进道路上，来自各方面的困难、风险、挑战肯定还会不断出现，我们要保持如履薄冰的赶考心态，从最坏处着眼，做最充分的准备，随时准备迎接新的考试、新的考验。

“进京赶考”永远在路上，学习永远在路上。当前我们全面建成小康社会，实现了第一个百年奋斗目标，这只是迈向中华民族伟大复兴的关键一步。同时，把握改革发展稳定大局，做好方方面面的工作，迫切要求我们抓紧增强本领。随着形势和任务的不断发展，我们适应的一面正在下降，不适应的一面正在上升。我们必须要有本领不够的危机感，要有加强学习的紧迫感。好学才能上进。“我们的干部要上进，我们的党要上进，我们的国家要上进，我们的民族要上进，就必须大兴学习之风，坚持学习、学习、再学习，坚持实践、实践、再实践。”①

在赶考路上必须坚持以人民为中心的执政理念。人民是永远的“考官”。中国共产党的根基在人民、血脉在人民、力量在人民。人民对美好生活的向往，就是我们的奋斗目标。党团结带领人民进行革命、建设、改革，根本目的就是为了让人民过上好日子。我们党的历史就是党与人民心心相印、与人民同甘共苦、与人民团结奋斗的历史，一定要一块过、一块干，始终保持同人民群众的血肉联系。在新的赶考路上，只要我们始终把人民放在最高位置，赢得人民信任，获得人民支持，紧紧依靠人民创造历史伟业，党就能克服任何艰难险阻，无往而不胜。

在赶考路上必须深刻把握从严治党这条考纪。党历经千锤百炼而

① 习近平：《在中央党校建校80周年庆祝大会暨2013年春季学期开学典礼上的讲话（2013年3月1日）》，人民出版社2013年版，第12页。

朝气蓬勃，一个很重要的原因就是始终坚持党要管党、全面从严治党，不断应对好自身在各个历史时期面临的风险考验，确保党在国内外形势发生深刻变化的历史进程中始终走在时代前列。全面从严治党是赶考路上永远的考纪。新的赶考路上，我们必须牢记打铁必须自身硬的道理，增强全面从严治党永远在路上的政治自觉，以党的政治建设为统领，坚定不移推进党风廉政建设和反腐败斗争。加强党的执政能力建设和先进性建设，有效应对“四大考验”、防范“四种危险”，必须进一步深刻领悟“两个确立”的决定性意义，增强“四个意识”、坚定“四个自信”、做到“两个维护”。

70 多年风雨历程，70 多年辉煌繁荣，我们党从小到大、由弱到强，从胜利走向胜利，得益于“赶考”精神的正确指引，永远保持对人民的赤子之心，永远保持共产党人的奋斗精神。

从“进京赶考”时“两个务必”的谆谆教诲，

到踏上全面建设现代化强国新征程时“三个务必”的伟大号召，岁月见证中国共产党一路走来的警醒和谨慎。新的赶考之路上，我们必须时刻保持赶考的清醒和坚定，以党的自我革命引领伟大社会革命，以新的伟大奋斗书写新的优异答卷！

附 录

微纪录片《“党史六对”启示录》视频链接

荷树对

洞前对

枣园对

甲申对

窑洞对

赶考对

微纪录片《“党史六对”启示录》主创单位和人员名单

出 品 人　曲青山
总 策 划　柴方国
总 监 制　王均伟
监　　制　李　颖　刘荣刚　张　鹏
策　　划　纪晓华　李艳杰　班永杰　毛　胜
总 撰 稿　王均伟
执行总撰稿　李　颖　曹子洋　张军锋
撰　　稿　吕　臻　魏雪莲　光新伟　王光鑫

总 编 导　张军锋
执行总编导　石　鹏
责任编辑　陈思含
编　　导　郭　超　宋翔宇　田春霞　高天鹏
　　　　　吕亚红　李娅君
摄　　影　朱　刚　王　锰
解　　说　钱　程
音乐编辑　毛薇薇
视　　效　李　伟　王佳秀　许致文
制 片 人　王　铸
承　　制　华夏传记（北京）文化发展有限公司
特别鸣谢　“党史六对”美术作品作者　王野翔先生

学术统筹　刘敏茹　宁　宇　胡昌勇　石　佳　李　纲

外联统筹　褚　凡
协　　助　汪　洋　陈学林　吴升辉　黄彩清
　　　　　高　速　吴展渊　张　维　刘晓梅
　　　　　张晓博　康彦新　匡冀明

鸣　　谢　中共江西省委党史研究室
　　　　　中共福建省委党史研究和地方志编纂办公室
　　　　　中共陕西省委党史研究室
　　　　　中共重庆市委党史研究室
　　　　　中共河北省委党史研究室
　　　　　中共延安市委党史研究室
　　　　　中共龙岩市委党史和地方志研究室
　　　　　西柏坡纪念馆
　　　　　中共于都县委党史研究室
　　　　　中共重庆市沙坪坝区委党史研究室

指　　导　中央网信办网络传播局
　　　　　国家广播电视总局网络视听节目管理司

联合摄制　中共中央党史和文献研究院第七研究部
　　　　　中共中央党史和文献研究院第二研究部
　　　　　中共中央党史和文献研究院科研规划部

出　　品　中共中央党史和文献研究院

后 记

本书是在中共中央党史和文献研究院《“党史六对”启示录》系列智库要报文稿和微纪录片解说词基础上进一步深化扩充而成。而这组智库要报缘起于《中国组织人事报》向中共中央党史和文献研究院第二研究部约写的系列文章。

中共中央党史和文献研究院第二研究部主任李颖、副主任曹子洋负责全书文稿的统筹设计、修改和定稿。第七研究部副主任张军锋作为纪录片《“党史六对”启示录》的总编导负责纪录片项目完成和本书出版工作的统筹协调。

各章撰稿人分工如下：《荷树对》撰稿人吕臻；《洞前对》撰稿人光新伟；《枣园对》撰稿人魏雪莲；《甲申对》撰稿人光新伟；《窑洞对》撰稿人王光鑫；《赶考对》撰稿人魏雪莲。

江苏省国画院专职画家、国家一级美术师王野翔先生为微纪录片《“党史六对”启示录》精心创作的6幅作品，也以插图方式收录书中，为本书增添了艺术光彩。

对于书中的纰漏和不当之处，敬请广大读者提出宝贵意见。

编　者

2025年7月

责任编辑：陈佳冉
装帧设计：王欢欢

图书在版编目（CIP）数据

“党史六对”启示录 / 本书编写组著．-- 北京 ：
人民出版社，2025．8（2026．1 重印）．
ISBN 978－7－01－027310－5

Ⅰ．D23

中国国家版本馆 CIP 数据核字第 2025CH5241 号

“党史六对”启示录

DANGSHI LIU DUI QISHI LU

本书编写组 著

人民出版社 出版发行
（100706 北京市东城区隆福寺街 99 号）

北京中科印刷有限公司印刷 新华书店经销

2025 年 8 月第 1 版 2026 年 1 月北京第 2 次印刷
开本：880 毫米 ×1230 毫米 1/32 印张：6
字数：84 千字

ISBN 978－7－01－027310－5 定价：48.00 元

邮购地址 100706 北京市东城区隆福寺街 99 号
人民东方图书销售中心 电话（010）65250042 65289539